Wilhelm Kaltenborn

Illusion und Wirklichkeit

Die Genossenschaftsidee: Fortwährender
Begleiter der menschlichen Geschichte.

Herausgegeben von der Zentralkonsum eG
Neue Grünstraße 18, 10179 Berlin, Tel.: 030-27584-0
www.zentralkonsum.de

Titelbild: © akg-images / Johann Brandstetter

Herstellung und Verlag:
Books on Demand GmbH, Norderstedt 2016

ISBN: 978-3-7392-3227-0

Illusion und Wirklichkeit
Die Genossenschaftsidee: Fortwährender Begleiter der menschlichen Geschichte.

Das hierzulande etablierte Genossenschaftswesen hält Deutschland für den Nabel der weltweiten Genossenschaftsbewegung. Es glaubt sogar daran, dass die Orte Delitzsch, Flammersfeld und Weyerbusch, weil sie zu den Wirkungsstätten von Hermann Schulze-Delitzsch und Friedrich Wilhelm Raiffeisen zählen, die Geburtsstätten der Genossenschaftsidee überhaupt sind. Dass diese Einschätzung grundfalsch ist, weist Kaltenborn anhand vielfältiger Belege nach. Die Genossenschaftsidee und ihre praktische Umsetzung begleiten die Entwicklung und die Geschichte des Menschen von Anbeginn an. Kooperatives, also genossenschaftliches Wirken haben schon die Neandertaler bei der Großwildjagd bewiesen. Das europäische Altertum und das Mittelalter kannten Genossenschaften in allen möglichen Formen, die auch Schulze-Delitzsch bekannt waren.

Seit den Anfängen der Neuzeit nahm dann die literarische und theoretische Beschäftigung mit der Genossenschaftsidee in Europa immer stärker zu. Auch die genossenschaftliche Praxis zeigte die vielfältigsten Formen. Unübersehbarer Höhepunkt dieser Entwicklung war die Gründung einer Konsumgenossenschaft im englischen Rochdale 1844 durch die „Rochdale Society of Equitable Pioneers". Die damals formulierten Grundsätze finden sich auch heute noch in den Prinzipien des Internationalen Genossenschaftsbundes wieder.

Schulze-Delitzsch und Raiffeisen bildeten wenig später aus den Elementen der genossenschaftlichen Diskussion und Praxis ihrer Zeit jeweils ihr eigenes genossenschaftliches Konzept. Beide verfolgten aber darüber hinaus weitaus umfassendere gesellschaftspolitische Zielsetzungen, bei denen das kooperative Zusammenspiel nur einen Bestandteil darstellte.

Auf deutschen Antrag hin soll nun die UNESCO in Paris die Genossenschaftsidee zum immateriellen Kulturerbe erklären. Dagegen ist nichts zu sagen, wenn denn die Begründung nicht vortäuschen würde, die Genossenschaftsidee sei ein deutscher Einfall gewesen und von Schulze-Delitzsch und Raiffeisen zum ersten Mal umgesetzt. Tatsächlich ist die Genossenschaftsidee eine Menschheitsidee – und deshalb gehört sie auch unabhängig von allen Erklärungen der UNESCO so oder so zum immateriellen Weltkulturerbe.

Martin Bergner

Dieses Buch sei allen gewidmet,
ob bekannt oder unbekannt,
die seit Jahrtausenden überall auf der Welt
das kooperative, genossenschaftliche Zusammenwirken der
Menschen entwickelt und gelebt haben.

Inhalt

Worum es geht

Im Frühjahr 2015 hat die Deutsche UNESCO-Kommission bei der UNESCO in Paris den Antrag gestellt, die „Genossenschaftsidee" in die Liste des immateriellen Weltkulturerbes aufzunehmen (vgl. Deutsche UNESCO 2015a). Im deutschen Verzeichnis des immateriellen Kulturerbes steht sie schon seit 2014, neben dem rheinischen Karneval, dem Rattenfänger von Hameln, der deutschen Brotkultur und anderen, meist regionalen Sitten und Bräuchen. Warum also nicht auch die Genossenschaftsidee? Und warum sie nicht auch zum Kulturerbe der Menschheit erklären? Man müsste nur darüber nachdenken, warum das geschehen sollte. Was besagt eigentlich die Genossenschaftsidee und woher stammt sie überhaupt? Nun gibt es durchaus eine Begründung der Deutschen UNESCO-Kommission für ihren Antrag. Darin steht u. a. allen Ernstes, von Delitzsch, Weyerbusch und Flammersfeld (als den frühen Wirkungsorten der deutschen Genossenschafter Hermann Schulze-Delitzsch und Friedrich Wilhelm Raiffeisen) hätten sich Idee und Praxis der Genossenschaften über andere Teile Deutschlands und darüber hinaus ausgebreitet. Heute würden sie fast weltweit praktiziert: "The idea and practice spread to other parts of Germany and beyond. Today it is practiced nearly world-wide." (Deutsche UNESCO 2015a).

Das ist schlicht falsch und unseriös und so bietet schon diese Behauptung Anlass genug, fundierter der Frage nachzugehen, wie haben sich Idee und Praxis der Genossenschaften eigentlich entwickelt? Das soll im Folgenden geschehen, aber notgedrungen unvollkommen und ziemlich knapp. Im Resümee sind dann die wichtigsten Ergebnisse zusammengefasst.

Die englische Übersetzung des deutschen Wortes „Genossenschaftsidee" im Antrag der Deutschen UNESCO-Kommission lautet „the idea and practice of organizing shared interests in cooperatives", was wiederum ins Deutsche so rückübersetzt wurde: „Idee und Praxis der Organisation von gemeinsamen Interessen in Genossenschaften" (vgl. Deutsche UNESCO 2015b). Bleiben wir erst einmal bei der bloßen Idee. Kein geringerer als Hermann Schulze-Delitzsch kennzeichnete die Idee der Genossenschaft, der „Cooperation" als die „Vereinigung atomistisch vereinzelter kleiner Kräfte zur Erreichung gemeinschaftlicher Zwecke" (Schulze-Delitzsch 1858: 68). In der Tat: Diese Definition deckt alle Formen menschlichen Zusammenwirkens ab, die von der Bezeichnung als Genossenschaft erfasst werden könnten. In dieser Allgemeinheit geht es nicht nur um wirtschaftliche Ziele. Schulze-Delitzsch jedenfalls bezeichnete konsequenterweise auch die von ihm initiierten und geförderten Arbeitervereine mit dem Ziel der Teilhabe an Bildung als Genossenschaften, unabhängig von ihrer Rechtsform.

Die Genossenschaftsidee als Menschheitsidee

Es sei aber noch ein anderer großer Genossenschafter zitiert, dieses Mal aus unserem Jahrhundert: Ivano Barberini, Präsident der International Co-operative Alliance von 2001 bis zu seinem Tod 2009, stellte fest, das Genossenschaftliche finde man in der DNA der Menschen; seine Spuren seien in der Erfahrung jedes Einzelnen von uns enthalten. Man könne schon Kindern wie ein Märchen erzählen und erklären, wie die Menschen der Vorzeit, nachdem sie begonnen hatten zu jagen, zu fischen und allmählich den Boden zu bearbeiten, auch entdeckt haben, dass das gemeinsame Agieren, das Kooperieren bessere Resultate hervor bringe (vgl. Barberini 2009: 16f.). In der neueren Zeit schließlich hätten „Generationen von Denkern, Politikern, Religionsführern und Genossenschaftern [...] auf der Grundlage ihrer jeweiligen Überzeugungen die Idee des Genossenschaftlichen erarbeitet." (Barberini 2009: 42). Mit anderen Worten, die Genossenschaftsidee ist eine allgemeine Menschheitsidee.

Ein deutscher Genossenschaftstheoretiker, Richard Sigmund Schultze, behauptete schon 1867 in lakonischer Kürze „die Geschichte der Menschheit ist zugleich die Geschichte der Assoziation." (Schultze 1867: 5). Oder, ebenso knapp ein anderer, aktuellerer Autor, der eher konservative Rechtshistoriker Bernd-Rüdiger Kern: „Die ursprünglichste und bis heute wichtigste Erscheinungsform des menschlichen Verbandes ist die Genossenschaft." (Kern 1998: 82). Die renommierte Universität von Michigan in Ann Arbor stellt in einem Internet-Text unter der Überschrift „The Cooperative Movement" fest, die Menschen hätten schon vor Zeitaltern gelernt, dass sie durch gemeinsames Arbeiten mehr leisten könnten, als die Summe der Anstrengungen der Einzelnen erbringt. Die Geschichte der menschlichen ökonomischen Kooperation sei wahrscheinlich älter als die Geschichte des Wettbewerbs (vgl. University of Michigan 2015). Ähnlich sagte es schon vor hundert Jahren der deutsche Nationalökonom und Genossenschaftstheoretiker Willy Wygodzinsiki: „Soweit wir in der Geschichte des wirtschaftenden Menschen zurückblicken können, so weit sehen wir auch genossenschaftliche Bildungen, ja, wir können sagen, daß Genossenschaftswirtschaft am Anfange der Wirtschaftsgeschichte steht und die Einzelwirtschaft erst eine spätere Form ist." (Wygodzinski 1911: 6).

Anthropologische Befunde zur Kooperation

Das sind alles klare Feststellungen. Sie werden durch die wissenschaftliche Anthropologie untermauert, etwa durch folgende, etwas sperrig formulierte Erkenntnis: „Menschen sind die unbestrittenen Weltmeister im Kooperieren. [...] In Experimenten, in sog. Public good games, verteilen Versuchspersonen eigene Güter ‚fair', also zu ihrem eigenen Nachteil, und ohne einen ersichtlichen Vorteil durch den altruistischen Akt für sich herauszuziehen. Sie gehen sogar einen Schritt weiter, sie bestrafen Mitspieler, die sich unkooperativ verhalten, auch wenn die Bestrafung sie selbst etwas kostet. [...] Das menschliche Verhalten entwickelte sich in Situationen von starker Konkurrenz zwischen benachbarten Gruppen. In einer solchen Situation kann es für die Gruppe vorteilhafter sein, wenn sie aus kooperativen Mitgliedern besteht." Kooperation basiere auf Gegenseitigkeit in der

Form, dass die heutige Hilfe einem anderen gegenüber morgen von ihm oder einem Dritten erwidert wird. (Ostner 2009: 240f.). Oder, die gleiche Erkenntnis in anderen Worten: „Kooperation beruht auf empathischer Identifikation: Die Teilhabe an den Absichten eines Anderen ist notwendig, um effektiv zusammenarbeiten zu können; dabei lässt man das Ziel des Anderen zur eigenen Angelegenheit werden." (Bischof-Köhler 2009: 315). „Der Schrecken der Wirklichkeit", so sagen es sehr plastisch zwei Anthropologen in einem gemeinsamen Beitrag, lasse sich „gerade in sozialer Gemeinschaft, durch Verständigung und Kooperation, erheblich mindern." (Großheim 2009: 214). Unvorstellbar oft ist der Schrecken der Wirklichkeit etwa durch Konsumgenossenschaften, die nicht umsonst im 19. Jahrhundert „Kinder der Not" genannt wurden, gemildert worden.

Schon in den ersten anthropologisch relevanten Aussagen, noch nicht eigentlich wissenschaftlich, sondern philosophisch unterlegt, werden solche Erkenntnisse formuliert. Das geschieht etwa bei Platon, dessen Sichtweise in einer modernen Zusammenfassung so lautet: Jeder einzelne von uns genüge sich nicht selbst, sondern bedürfe vieler. Der Mensch sei also auf die Hilfe seiner Artgenossen, auf Kooperationsbeziehungen angewiesen (vgl. Jörke 2009: 442f.). Auch für Aristoteles sei der Mensch ein soziales Wesen und benötige Kooperationsbeziehungen (vgl. Jörke 2009: 444). Es handelt sich dabei um die berühmte Kennzeichnung des Menschen als „zoon politikon", zu der Aristoteles hinzufügt, wer nicht in Gemeinschaft leben könne oder ihrer in seiner Autarkie nicht bedürfe, der sei entweder ein wildes Tier oder aber Gott (vgl. Aristoteles 1971: 65ff.), bewegt sich also nicht in menschlichen Sphären.

Kooperation in der Vorgeschichte

Diese Fähigkeit des Menschen zu kooperativen Verhalten oder vielmehr die Notwendigkeit dazu wird auch durch die Forschungen zur Vorgeschichte sichtbar. Vor rund zwei Millionen Jahren Zeit lebte in Ostafrika der Homo habilis, der Schöpfer der Oldowan-Kultur. Es sei sehr wahrscheinlich, heißt es bei einem Steinzeit-Forscher, Hansjürgen Müller-Beck, dass sich bei der damit beginnenden Arbeitsteilung „auch die sozialen Kontakte innerhalb der Gruppen und der Geschlechter [...] über die Generationen hinweg immer stärker intensivierten und differenzierten." (Müller-Beck 2004: 40f.).

Rund 1,6 Millionen Jahre später hatte sich die damals aktuelle Menschenart, der Homo erectus, bis nach Europa ausgedehnt. Knochenfunde beim nordthüringischen Bilzingsleben lassen den Schluss zu, den Homo erectus als Großwildjäger zu bezeichnen. „Da die Jagd auf einen Waldelefanten schwerlich als Leistung eines einzelnen Jägers vorstellbar ist, erlaubt dieses Ergebnis Rückschlüsse auf das Sozialverhalten des frühen Menschen. Für eine solche Jagd handelte Homo erectus wohl in Gruppen. Zugleich benötigten die Beteiligten zur Abstimmung der einzelnen Tätigkeiten ein Kommunikationssystem." (Terberger 2002: 66).

Der Homo erectus starb aus und vor 200.000 Jahren war der Neandertaler, der Homo neanderthalensis, in Europa an seine Stelle getreten. Almut Bick schildert eine Jagdszene aus jener Zeit: „Schon von weitem ist die Wildpferdherde sichtbar. Sie nähert sich langsam der Wasserstelle am Seeufer. Die Jäger halten sich versteckt, lassen sie auf 10, 20 m herankommen. Dann hageln Holzspeere auf die Tiere nieder. Die Herde flieht, doch ein gutes Dutzend ist getroffen. Noch an Ort und stelle zerlegen die Männer ihre Beute und bringen sie ins Lager. Sie sind zufrieden: Fleisch und Felle werden ihre Familien über den Winter bringen. Eine solche Jagdszene hat sich im niedersächsischen Schöningen ganz zu Beginn des Mittelpaläolithikums abgespielt." Neandertaler wagten sich auch an Großwild. „Nur eine Gruppe von Jägern und nicht ein einzelner Mann konnte hoffen, das Großwild zu besiegen." (Bick 2012: 61ff.).

Später dann hatte sich der Homo sapiens durchgesetzt. „Der Homo sapiens ist ein Herdentier, und die Kooperation in der Gruppe ist entscheidend für das Überleben und die Fortpflanzung.

Dazu reicht es nicht aus, zu wissen, wo sich Löwen und Büffel aufhalten. Es ist viel wichtiger zu wissen, wer in der Gruppe wen nicht leiden kann, wer mit wem schläft, wer ehrlich ist und wer andere beklaut." Solche Informationen konnten nun – vor rund 70.000 Jahren – dank der neuen Sprachkompetenz, die der Homo sapiens erwarb, untereinander ausgetauscht werden. „Mit Hilfe von verlässlichen Informationen über zuverlässige Mitmenschen konnten die Sapiens ihre Gruppen stark erweitern, enger miteinander zusammenarbeiten und komplexere Formen der Zusammenarbeit entwickeln." (Harari 2015: 35f.).

Die älteste jungsteinzeitliche Stadt, Catal Hüyük im südanatolischen Hochland, entstand vor 9.000 Jahren. Eines der Gebäude ist als Jagdheiligtum identifiziert worden. Seine Wände sind mit Malereien bedeckt. So ist im Vorraum „eine Gruppe von Männern dargestellt, die eine Herde Hirsche angreift. Zwei Jäger haben schon eines der Tiere erlegt. Im Hauptraum zeigt der Wandputz einen riesigen Stier, umzingelt von winzigen Männern, die mit Bögen bewaffnet und mit einem wallenden Leopardenfellschurz bekleidet sind." (Bick 2012: 102ff.). Das kooperative Jagen hat sich also fortgesetzt, auch beim Homo sapiens.

Vor fast 5.000 Jahren, am Ende der so genannten bandkeramischen Kultur, bildeten sich in Mitteleuropa „Zentralorte mit einer höheren Einwohnerzahl heraus. Auch im alltäglichen Leben rückte man in diesen Krisenzeiten enger zusammen. In der bandkeramischen Zeit hatte nur eine Familie ein riesiges Langhaus bewohnt. Im Mittelneolithikum lebten dagegen oft mehrere Familien unter dem Dach eines Hauses. Jetzt besaßen die bis zu 50 m langen Häuser Querwände, die verschiedene Kammern für die einzelnen Familien voneinander abtrennten. Die Gemeinschaftsstruktur veränderte sich. Zum ersten Mal lassen sich nun Gemeinschaftsbauten und Einrichtungen nachweisen, die alle gemeinsam benutzten. Den Lehm zum Verspachteln der Hauswände holte sich nicht mehr jede Familie aus eigenen Gruben, sondern jetzt stand allen eine zentrale Lehmgrube am Rande des Dorfes zur Verfügung." (Bick 2012: 122). Eine sehr frühe Art von Rohstoffassoziation war entstanden. Und: „Die bis 100 m² großen, offenen

Vorhallen am Südostende dienten dann als Gemeinschafts- und Arbeitsraum. In diesen baulichen Verhältnissen offenbart sich für die mittelneolithische Gesellschaft eine stärker integrierende Gemeinschaftsstruktur als während der bandkeramischen Zeit." (Lüning 2002: 127).

Was also seit Beginn der Menschwerdung offensichtlich stets stattfand, bei welcher Hominidenart auch immer, war die „Vereinigung atomistisch vereinzelter kleiner Kräfte zur Erreichung gemeinschaftlicher Zwecke", war also nach Schulze-Delitzsch die Realisierung der Genossenschaftsidee, die Idee der Kooperation. Sie gehört zum Menschsein – ebenso wie die Erscheinung, dass Menschen sich um ihren Nachwuchs kümmern. Wäre das über die Millionen Jahre hin nicht geschehen, hätte es nicht zur Menschwerdung kommen können. Sollte nun also auch der Idee der Erziehung zum immateriellen Kultererbe der Menschheit erklärt werden? Übrigens Erziehung: Wer sich jemals dem Vergnügen hingegeben hat, das Treiben von Kindern auf einem Spielplatz zu beobachten, der braucht sich eigentlich gar nicht erst mit Anthropologie und Vorgeschichte zu befassen, um zu begreifen, wie sehr kooperatives Verhalten zum Menschen gehört, nämlich mindestens so sehr wie Konflikte. Barberini wusste es. Die Deutsche UNESCO-Kommission ist allerdings entgegen allen Erkenntnissen und allem gesunden Menschenverstand in der Lage, sogar den geographischen Ursprung von Idee und Praxis der Genossenschaften genau zu lokalisieren.

Genossenschaften in der geschriebenen Geschichte

An zweiter Stelle wäre jetzt zu untersuchen, wie und wo denn in der geschriebenen Geschichte in welchen Formen genossenschaftliche Tatbestände zu finden sind. Aus mehreren Gründen müssen wir uns dabei auf Europa beschränken. Zwei Veröffentlichungen leisten dabei wichtige Hilfe: Einmal das von Vahan Totomianz 1928 herausgegebene „Internationale Handwörterbuch des Genossenschaftswesens", in dem rund 140 Autoren mehr als 530 Stichworte aus der Welt und der Geschichte der Genossenschaften behandeln. So stellt dieses Handwörterbuch eine wahre genossenschaftliche Enzyklopädie dar. Und zum zweiten die vom „Centro italiano di documentazione sulle cooperazione e l'economia sociale" ins Netz gestellten Übersichten zu Geschichte und Grundsätzen des Genossenschaftswesens, zwar mit Schwerpunkt auf Italien, aber auch ausreichend international ausgerichtet. Die darin enthaltenen knappen Informationen zur genossenschaftlichen Geschichte beginnen 1750. Aktuell gibt es auf Deutsch nichts Vergleichbares. Was können wir also in jenem Handwörterbuch und in diesem Netzbeitrag und in der sonstigen Geschichtsschreibung zu Genossenschaften erfahren?

Genossenschaften im Altertum

Hans Müller, von 1908 bis 1913 Generalsekretär der International Co-operative Alliance, behandelt im Handwörterbuch von 1928 die Stichworte zur Antike und kommt zu der klaren Aussage: „Die Frage nach dem Vorhandensein von Genossenschaften oder doch genossenschaftsähnlichen Gebilden in der Zeitperiode des Altertums [...] darf unbedingt bejaht werden." (Müller 1928a: S. 22).

Zu den Verhältnissen im antiken Griechenland führt er konkret aus: „Fast jeder Grieche der mittleren und unteren Klassen der Bevölkerung gehörte einer Genossenschaft an, die ihren Mitgliedern eine Grabstätte und ein anständiges Begräbnis sicherte und außerdem die Pflege geselligen Verkehrs und der gegenseitigen Hilfeleistung bezweckte. ... Aus diesen religiös-geselligen Kultgenossenschaften [...] sind jene herausgewachsen, die dann vorwiegend berufliche und wirtschaftliche Zwecke verfolgten. Manche dieser Genossenschaften betrieben den gemeinsamen Einkauf von Brennmaterialien und Getränken. Andere bildeten das Unterstützungswesen von Armen oder vorübergehend in Not geratenen Mitgliedern aus, wieder andere verpflichteten ihre Mitglieder, sich gegenseitig auf Reisen Unterkunft und Verpflegung zu gewähren.

Viele vereinigten auch alle diese und noch andere Zwecke miteinander. Als Mitglieder dieser Genossenschaften kommen nicht nur Freie und Bürger, sondern auch Sklaven und Fremde, selbst Frauen in Frage, was auf ein freies und gesichertes Vereinsrecht schließen läßt. Die Angelegenheiten der Genossenschaften wurden von deren Mitgliedern selbst geregelt, und zwar durch die meist monatlich stattfindende Mitgliederversammlung, die oberste Instanz war. [...] Einmal im Jahr, meist im Frühling, fand eine Generalversammlung mit einem festlichen Gemeinschaftsmahl statt." (Müller 1928a: 6). Dieses Bild zeigt schon überraschend aktuelle Ausprägungen: Selbsthilfe, Freiwilligkeit, Selbstverwaltung, Mitgliederversammlungen als oberste Instanz.

In einer „gekrönten Preisschrift" aus dem Jahr 1909 spricht der Autor von dem gewaltigen Material zum griechischen Genossenschaftswesen (vgl. Poland 1909: 19). Auch für ihn sind Genossenschaften völlig natürliche Erscheinungen in der Menschenwelt: Die Genossenschaften der Kaufleute, Handwerker, Athleten, Künstler usw. „sind meist kleine Gruppen von Individuen, wie sie von selbst entstehen müssen, wo Menschen zusammenleben [...]" (Poland 1909: 4). Auch ein Zeitgenosse sei als Zeuge aufgerufen: Platon berichtet in einem seiner Briefe, der Herrscher von Syrakus, der griechischen Pflanzstadt auf Sizilien, habe bei seiner Rückkehr in die Heimat ein Brüderpaar aus Athen mitgebracht, „eine Freundschaft, die ihren Ursprung nicht etwa der Philosophie verdankte, sondern dem in Schwange gehenden Genossenschaftswesen [...]." (Platon 1921: 60).

Zum antiken Rom schreibt Hans Müller, dass die „als Collegien bezeichneten genossenschaftlichen Handwerkerverbände" wahrscheinlich aus „kultischen Genossenschaften" hervorgegangen sind (vgl. Müller 1928a: 7). Ein Fachhistoriker, Karl-Wilhelm Weber, führt dazu aus: „Die Mitgliedschaft war freiwillig. Sicherlich bemühte man sich auch, berufsständische Interessen gegenüber der Öffentlichkeit durchzusetzen. Wichtiger war indes die soziale Funktion dieser Vereine. Man traf sich meist einmal im Monat im eigenen Vereinslokal (schola); ärmere Korporationen tagten in Kneipen. [...] Den Berufsvereinigungen angeschlossen waren häufig Sterbekassen, die den Mitgliedern gegen Zahlung eines einmaligen oder regelmäßigen Beitrags eine Grabstelle und eine ‚gebührende' Totenehrung sicherten." (Weber 1995: 169f.).

Konkreter wird eine ältere Darstellung: Collegium sei die „Bezeichnung für eine Vereinigung von Personen zu einem gemeinsamen dauernden Zweck." Mindestens drei Personen seien (wie heute nach deutschem Genossenschaftsgesetz) notwendig, um ein Collegium zu bilden. Zu den privaten Kollegien gehörten „die Verbände von Berufsgenossen der verschiedensten Art". Bei der Vereinsbildung spielte „wohl auch das Streben der Schwächeren und Ärmeren mit, durch die Vereinigung stärker zu werden und mehr zu bedeuten, als dies in der Isolierung möglich war." In der Zeit der Republik habe es ein „freies Vereinsrecht" gegeben. „Auf die selbst gegebenen Statuten gründete sich die innere Autonomie der Collegien." Auch „die Auflösung der Vereine war im allgemeinen eine freiwillige [...]". Es gab auch Collegien für Frauen gleichen Berufes. Auch Sklaven waren Mitglieder. Die Kollegien hatten zwischen 16 und 1.500 Mitglieder. Beschlüsse, auch Wahlen, fanden in der allgemeinen Vereinsversammlung statt. (Kornemann 1901: 380ff.). Also auch im antiken Rom war die Realisierung der klassischen Definition von Genossenschaften vorzufinden: Die Schwächeren werden durch ihre Vereinigung stärker.

Die Genossenschaft hat aber auch in Deutschland eine uralte Geschichte: „Gleich beim ersten Auftreten der germanischen Stämme begegnen wir den Genossenschaften bei ihnen, als einer Grundform ihres nationalen Lebens, in welche sich ihre ganzes Gemeinwesen gliedert. So finden wir sie in engern und weitern Kreisen, für öffentliche und Privatverhältnisse, als das Element, welches den gesellschaftlichen und staatlichen Verband vermittelt. Der Stammgenossenschaft fügt sich die Gau- und Markgenossenschaft ein, und wie die Volksgemeinde, das Organ der ersteren, in offener Versammlung über Krieg und Frieden und die wichtigsten Interessen des Stammes entschied, so sprach das Ding der Gaugenossen [...] Recht [...]. In gleicher Weise bestimmten die Märker, die Genossen im Besitz einer Feldmark, über die darauf bezüglichen Verhältnisse, besonders das gemeinschaftliche Eigentum an Wald und Weide u. dgl. Bei Kriegs- und Beutezügen endlich bildeten sich Kampfgenossenschaften unter gewählten Führern, ja selbst eine Anzahl Stämme trat zeitweis zu einem solchen Verbande zusammen bei gemeinsamer Gefahr oder zu einer großen, gemeinsamen Unternehmung." Diese Feststellung trifft niemand anderes als Schulze-Delitzsch (Schulze-Delitzsch 1865: 223f.) und er versteigt sich sogar zu der Behauptung, vor über zweitausend Jahren im Teutoburger Wald habe die deutsche Genossenschaft gesiegt: „So ist z. B. das Brechen der römischen Macht im Teutoburger Walde einer solchen Vereinigung deutscher Stämme zu verdanken." (Schulze-Delitzsch 1865: 224).

Verblüffender Weise geht Schulze-Delitzsch noch weiter, wenn er sagt: „Die charakteristischen Merkmale, welche die genossenschaftlichen Verbände von damals kennzeichnen, sind im wesentlichen dieselben, die wir noch heute, trotz der veränderten Aufgabe, an unsern Genossenschaften wahrnehmen. [...] Die vollste Selbstbestimmung und Selbstverwaltung unter unmittelbarer Beteiligung aller Genossen bei Ordnung der gemeinsamen Angelegenheiten sind es, welche schon damals des Gipfelpunkt des Ganzen bildeten, wie wir jetzt noch in unseren Erwerbs- und Wirtschaftsgenossenschaften daran festhalten." (Schulze-Delitzsch 1865: 224). Mit anderen Worten, Schulze-Delitzsch widerspricht deutlich genug der Deutschen UNESCO-Kommission, denn für ihn begann es nicht in Delitzsch, sondern in den Urwäldern Germaniens.

Genossenschaften im Mittelalter

Auf das Mittelalter gehen besondere genossenschaftliche Kooperationen in Russland zurück. „Lange vor dem Einfluß der westlichen Genossenschaftsbewegung traf man schon auf gewisse Vereinigungen, deren Form Ähnlichkeit mit den italienischen Arbeitsgenossenschaften zeigt. Bald waren es Zimmerleute, bald Maurer, bald Fischer, bald im Transport beschäftigte Handwerker und Arbeiter, die sich zusammentaten, um gemeinsam Arbeiten auszuführen, entweder für eigene Rechnung oder für Rechnung eines Unternehmers, dem sie ihre Arbeiten gemeinsam verkauften. Oder es waren zu Hause arbeitende Bauern, die sich vereinigten, um der Ausbeutung durch die Zwischenhändler zu entgehen. Diese Vereinigungen sind unter dem Namen ‚Artell' bekannt, ihr Ursprung geht ins Mittelalter zurück, sie waren bis gegen Ende des XIX. Jahrhunderts die verbreitetste Form der russischen Genossenschaften." (Totomianz 1928a: 765; vgl. auch Ulitin 1928: 39ff.).

In der europäischen Landwirtschaft des Mittelalters nahmen genossenschaftliche Formen eine äußerst wichtige Funktion wahr. Das war bei der Durchsetzung der Dreifelderwirtschaft im Hochmittelalter im zehnten und elften Jahrhundert der Fall. Dabei unterlag die ländliche Nutzfläche dreijährlich im gleichen Rhythmus wechselnden Nutzungsarten, vom Sommergetreide über Wintergetreide zur Brache und dann wieder von vorn. Das war die so genannte Fruchtfolge. Dadurch wurden die Böden geschont und der Bodenertrag gesteigert, was angesichts der zunehmenden Bevölkerung dringend notwendig war. Im elften und zwölften Jahrhundert wurde durch zunehmende Rodungstätigkeit die Anbaufläche zusätzlich erweitert. Die Grundherren boten dabei „Schutz und Organisation, doch trug der Bauer oder die bäuerliche Genossenschaft die Hauptlast [...]." (Vgl. Dettelbacher 1988: 234). Noch eindeutiger wird Bernd-Rüdiger Kern, wenn er feststellt, die Durchsetzung der Dreifelderwirtschaft sei ohne die Genossenschaft nicht denkbar (vgl. Kern 1998: 83).

Das galt vor allem für die Spezialform der Zelgensysteme. Das waren Bodennutzungssysteme „bei denen die Ackerflur einer Siedlung in grosse Bezirke, sog. Zelgen, eingeteilt war. Jede Zelge setzte sich aus Parzellen zahlreicher Besitzer zusammen und wurde mit derselben Frucht bebaut. Weil die Grundstücke nicht durch Wege erschlossen waren, mussten die Dorfbewohner in der Bewirtschaftung kooperieren. [...] Die verzelgte Ackerflur eines Dorfs wurde hinsichtlich Anbaurhythmus und -produkt aufgrund von verbindl. Absprachen gleichartig genutzt." (Schnyder 2015).

„Die Dorfgenossenschaft oder der Dorfvorsteher bestimmen, wann gesät und geerntet, wann das Saatfeld eingezäunt oder der Zaun wiederum entfernt wird, um so nach der Ernte als gemeinsame Stoppelweide für das Dorfvieh zu dienen." (Rösener 1985: 55).

Später, im 13. und 14. Jahrhundert entfalteten sich „freie Bauerngemeinden in bedeutendem Maße [...] Angeregt durch das Aufblühen der Stadtgemeinden, stieß die kommunale Bewegung auch in den ländlichen Raum vor und trug dazu bei, daß bäuerlich-genossenschaftliche Territorialgebilde sowohl im Süden des Deutschen Reiches als auch in den Landstrichen entlang der Nordseeküste entstanden. [...] In den Küstenzonen hat die Abwehr der Meeresüberflutungen, der Deichbau und die gemeinschaftliche Organisation der Landerschließung die bäuerliche Genossenschaftsbildung entscheidend unterstützt." (Rösener: 1985: 237f.).

In diesem Zusammenhang ist die Allmende zu erwähnen. Sie „wird gemeinschaftlich von allen hofsässigen Bauern des Dorfes genutzt: Die Weideflächen der Allmende dienen dem Vieh als gemeinsame Weide, und ebenso stehen die Gemeinwaldungen allen dorfansässigen Bauern zur Nutzung offen." (Rösener 1985: 56). Im Gebiet zwischen Harz, Elbe und Saale, das „vorwiegend von altsächsischen Verfassungselementen bestimmt" war, entwickelte sich im Hochmittelalter eine Dorfgemeinde, vom so genannten Bauermeister geleitet, die auch „dörfliche Genossenschaft der Nachbarn" war. „Außer der Allmende verfügte sie über Straßen und Wege, Back- und Gemeindehäuser, Dorfkrüge und manchmal Mühlen." (Rösener 1985: 175).

Historische Genossenschaftsformen in Deutschland – früher und heute

Weite Bereiche der deutschen Gesellschaft – und nicht nur der – waren im Mittelalter also mit genossenschaftlichen Strukturen versehen. Mit der frühen Neuzeit kamen neue genossenschaftliche

Strukturen hinzu. Dazu gehörten etwa die Haubergsgenossenschaften im Siegerland. Als Hauberg wird oder wurde dort der am Berghang liegende aus Laubholz, vor allem Eichen, bestehende Niederwald bezeichnet. Diese Hauberge lieferten durch abwechselnde Nutzung vierfachen Ertrag: Eichenrinde für Gerbereien, Holz (ursprünglich zur Herstellung von Holzkohle, später zu Heizzwecken), Ackerland und Viehweide. Diese Nutzungen erfolgten genossenschaftlich. Jedem der Teilhaber wurde ein Stück des Hauberges zugewiesen. Die notwendigen Arbeiten erfolgten zwar zu gleicher Zeit, aber nicht gemeinschaftlich, sondern durch die einzelnen Nutzer. Die Anteile konnten unterschiedlich groß sein. In einem bestimmten Turnus wurde für einige Jahre der Hauberg gesperrt, damit das Holz nachwachsen konnte. In dieser Zeit fielen die Anteile der Haubergsgenossen an die Genossenschaft zurück. Zu Beginn der nächsten Nutzungsperiode wurden die konkreten Anteile am Hauberg in durchaus auch anderer Lage erneut zugewiesen. (Vgl. Delius 1909: 5ff.). Die Haubergsgenossenschaften in der beschriebenen Form entstanden in der ersten Hälfte des 15. Jahrhunderts. Die bis dahin „regellos in den genossenschaftlichen Niederwaldungen betriebene Waldfeldwirtschaft führte zu Waldverwüstungen, welche bedenklich wurden, als die aufblühende Siegerländer Eisenindustrie erhöhte Anforderungen an den Wald (Holzkohle) zu stellen begann [...].“ So entstanden die vorgeschriebenen Verfahren zur genossenschaftlichen Nutzung des Niederwaldes. (Delius 1909: 36).

Den heute noch existierenden Formen der Haubergsgenossenschaften und anderen kooperativen Arten der Waldnutzung in Nordrhein-Westfalen liegt ein eigenes Landesgesetz zugrunde, das Gemeinschaftswaldgesetz vom April 1975, dessen zweiter Abschnitt die Vorschriften zur Waldgenossenschaft enthält. (Vgl. Gemeinschaftswaldgesetz 2015: §§ 9ff.). Das nordrheinwestfälische ebenso wie das Thüringer Waldgesetz regelt sogar das Verfahren bei Neugründungen von Waldgenossenschaften (vgl. Gemeinschaftswaldgesetz 2015: §§ 39ff.; Thüringer Waldgesetz 2015: § 52). Es gibt also nicht nur ein einziges Genossenschaftsgesetz in Deutschland.

Die überkommenen, aber auch die untergegangenen Formen genossenschaftlicher Organisation aus Mittelalter und früher Neuzeit hatten im 19. Jahrhundert nicht nur die schon beschriebene Aufmerksamkeit Schulze-Delitzschs geweckt, sondern auch in der professionellen Rechtswissenschaft ein besonderes Interesse gefunden. Einer der dabei führend beteiligten Juristen war Georg Karl Christoph Beseler, ein Jahr jünger als Schulze-Delitzsch. Über ihn heißt es kurz und bündig: „Seine größte wissenschaftliche Leistung ist die Entwicklung der Genossenschaftstheorie [...]." Beseler habe „den Assoziationsgeist der deutschen Nation als einem dem germanischen Recht eigentümlichen Zug bezeichnet" und gab „der korporativen Genossenschaft, der deutschrechtlichen Person, die grundlegende dogmatische Begründung." (Lang-Hinrichsen 1955: 174f.). Beselers großes Werk trägt den Titel „System des gemeinen deutschen Privatrechts" und ist 1885 in zwei Bänden erschienen. Bei ihm gehören unter der zusammenfassenden Bezeichnung „corporative Genossenschaft" u. a. die Familiengenossenschaft des hohen Adels, die Markgenossenschaft, die Wasser- und Wiesengenossenschaften der Grundbesitzer, der Deichverband dazu, aber auch die Zusammenschlüsse der Handwerker einschließlich der Zünfte, die Aktiengesellschaften, die Versicherungsvereine und Witwenkassen, die Banken- und Kreditvereine und schließlich „Vereine zu religiösen, künstlerischen, wissenschaftlichen und socialen Zwecken, die s. g. Erholungsgesellschaften u. s. w." (Vgl. Beseler 1885: 286f)

An anderer Stelle sagt Beseler: „Kaum auf irgend einem anderen Gebiete des Volkslebens hat das Associationswesen, d. h. die Vereinigung Mehrerer zur Erreichung desselben Zieles mit gemeinsamen Kräften und Mitteln, so energisch sich entwickelt, als in den Geschäftskreisen des Handelsstandes. Von der blos vorübergehend geschlossenen Gelegenheitsgesellschaft für einzelne Handelsgeschäfte bis zu der corporativen Genossenschaft des Actienvereins zeigt sich hier eine Mannichfaltigkeit eigenthümlicher Gestaltungen [...]." (Beseler 1885: 1034). Auch diese Definition Beselers einer Assoziation oder Genossenschaft als „die Vereinigung Mehrerer zur Erreichung desselben Zieles mit gemeinsamen Kräften und Mitteln", ist nahezu deckungsgleich mit der Schulze-

Delitzschs als „Vereinigung atomistisch vereinzelter kleiner Kräfte zur Erreichung gemeinschaftlicher Zwecke" – und beide wissen, dass die hinter ihrer Definition stehende Idee uralt ist.

Es gab noch einen weiteren großen Juristen, der sich in der Nachfolge Beselers den überkommenen Formen des deutschen Rechts widmete, der übrigens heute noch genannt wird, Otto Friedrich von Gierke, 1841 geboren. Von Beseler angeregt, betrat Gierke mit seiner Habilitationsschrift „das Forschungsfeld, dem er bis zu seinem Lebensende treu blieb: Geschichte und Recht der deutschen Genossenschaft." Sein Lebenswerk galt der juristischen Durchdringung „insbesondere des Genossenschafts- und Körperschaftsrechts". Für Gierke war der „überlieferte Grundgedanke der germanischen Genossenschaft" Maßstab „für das richtige Recht" (vgl. Wolf 1963: 675). Auch bei Gierke gehören hinsichtlich der neueren (für ihn: neuesten) Zeit Aktiengesellschaften zu den Genossenschaften, ja, so sagte er, „die Kapitalsgenossenschaft fand nach mehreren unvollkommeneren Vorstufen in der Aktiengesellschaft ihre Vollendung." (Gierke 1881: 911). Übrigens wird von Gierke, um auch einmal Wikipedia zu zitieren, festgestellt, er gelte „wegen seiner entscheidenden Beiträge zum Genossenschaftsrecht [...] als ‚Vater des Genossenschaftsrechts'." (Vgl. Wikipedia 2015).

Drei Jahrhunderte Genossenschaftsgeschichte in der Neuzeit: Der Beginn

Es war eine Truppe von italienischen Schauspielern des 16. Jahrhunderts, die getrost als einer heutigen Genossenschaft vergleichbar bezeichnet werden kann. Anfang 1545 schließt nämlich eine professionelle Schauspielertruppe aus acht Personen in Padua einen Kontrakt, der notariell beurkundet wurde. Die Teilnehmer bilden eine „brüderliche Gesellschaft" („far una fraternel compagnia"), die – Ostern 1545 beginnend – bis zum Karneval des Jahres 1546 bestehen soll (im April 1546 haben dann in Venedig drei Mitglieder der Truppe mit anderen Akteuren eine neue

„compagnia" gegründet). Es handelt sich um eine Truppe der Commedia dell'Arte, die für ihre Aufführungen von Ort zu Ort zieht. Deshalb soll ein Pferd angeschafft werden, um die Kostüme (die den gesamten Fundus ausgemacht haben dürften) von Aufführungsort zu Aufführungsort zu transportieren. Der Vertrag sieht gegenseitige Gleichberechtigung vor. Der Vorsteher („capo") der Truppe wird gewählt (es handelte sich um einen ser Maphio, genannt Zanini von Padua). Seine Wahl hatte bereits vor der Beurkundung stattgefunden. Die Gemeinschaft erhält alle Einnahmen. Das Geld wird in einem Kästchen („cassella") aufbewahrt, zu dem drei Mitglieder der Truppe über die Schlüssel verfügen. Aus diesem Kästchen werden alle Lasten, wie Kauf und Unterhalt des Pferdes, Reisekosten und sogar etwaige Krankheitskosten bezahlt. Der Überschuss wird am Ende unter die acht Truppenmitglieder gleichmäßig verteilt („divisi egualmente"). (Vgl. Cocco 1915: 55ff.; Venturini 2011; vgl. für knappe Hinweise auf Deutsch auch Mehnert 2003: 12f.).

Es handelte sich also um eine Genossenschaft auf Zeit (die das deutsche Genossenschaftsgesetz heute noch kennt). Die Mitgliedschaft war freiwillig. Der Vorsteher wird gewählt. Die Genossenschaft diente dem Erwerb ihrer Mitglieder. Das wirtschaftliche Ergebnis wurde gleichmäßig verteilt. Zur Auswahl der zu spielenden Stücke und die Verteilung der Rollen kann es kaum Entscheidungen gegeben haben, weshalb sich Bestimmungen darüber in dem Vertrag erübrigten. Denn die Commedia dell'Arte war dadurch gekennzeichnet, dass es einerseits feste Rollen gab und andererseits sehr viel improvisiert wurde (vgl. Mehnert 2003: passim). Schulze-Delitzsch hätte keine Probleme gehabt, diese Truppe in seinen „Allgemeinen Verband der auf Selbsthilfe beruhenden deutschen Erwerbs- und Wirtschaftsgenossenschaften" aufzunehmen. Wahrscheinlich schlummern in den Archiven, in denen Dokumente der – vor allem oberitalienischen – Notare des 16. Jahrhunderts heute noch zu finden wären, vieler solcher Beispiele.

Chronologie der weiteren Genossenschafts- geschichte

Im weiteren Verlauf der Geschichte werden die Beispiele sowohl genossenschaftlicher Zusammenschlüsse als auch theoretischen und schriftstellerischen Nachdenkens darüber immer häufiger. Sie sollen im Folgenden chronologisch aufgelistet werden.

1654 – 1725 sind die Lebensdaten John Bellers, „der zum ers- tenmal nachweisbar den genossenschaftlichen Gedanken als ein praktisch anwendbares Mittel zur Umgestaltung der bestehenden Wirtschaftsweise entwickelt und empfohlen hat." (Müller 1928b: 84). Die Veröffentlichung, in der er seine Grundgedanken entwi- ckelt hat, trägt den Titel „Proposals for Raising a Colledge of In- dustry of all usefull Trades and Husbandry [...]". Dem Sinne nach, so stellt Eduard Bernstein in seinem Werk über die glorious revo- lution Englands fest, ist dieses „Colledge" aber „eine Arbeitsko- lonie oder Genossenschaft." (Vgl. Bernstein 1922: 331f.).

1715 gründet in Pabjanice/Lodz ein Pfarrer Jordan eine „gegen- seitige Versicherungsgesellschaft gegen Viehseuche" (Zawada 1928: 693).

1740 – 1826 sind die Lebensdaten Johann Friedrich Oberlins, der „als einer der frühesten Ideenträger genossenschaftlicher Grund- sätze auf dem Kontinent anzusehen ist." (Röhrken 1928: 662). Er war Pfarrer in Waldersbach an der Grenze zwischen Lothringen und dem Elsass, einem Gebiet grenzenloser, vor allem bäuerlicher Armut. Oberlin sorgte in den unterschiedlichsten Formen für Hil- fen. In den 70er Jahren veranlasst er die Gründung einer „Societé agricole". Diese Gesellschaft war Teil eines regionalen Netzwerkes zur gegenseitigen Hilfe, das nach und nach entstanden war, um gegen das Elend zu kämpfen. „Im Laufe der Zeit nehmen die Landwirte ihr Schiksal selbst in die Hand; sie gehen zu den neu- en Methoden [landwirtschaftlicher Produktion] über, und die Societé agricole wird zu einem Transmissionsriemen der von Oberlin angestoßenen Agrarreformen." (Chalmel 2012: 150).

1750 werden in der Franche-Comté verschiedene Käserei-Genossenschaften gegründet. Es sind die ersten Produktivgenossenschaften. (Vgl. Centro italiano 2015).

Im gleichen Jahr gründet Benjamin Franklin in Philadelphia eine (noch heute unter anderem Namen existierende) genossenschaftlich organisierte Versicherungsgesellschaft (vgl. Centro italiano 2015).

1758 wird in Philadelphia die erste amerikanische genossenschaftliche Gesellschaft in der Landwirtschaft gegründet (vgl. Centro italiano 2015).

1761 wird in Fenwick/Schottland von Webern die „Fenwick Weaver's Society" gegründet. Sie sollte ursprünglich die technischen Standards bei ihren Mitgliedern fördern. Später entstand daraus eine Konsumgenossenschaft. Die International Co-operative Alliance bezeichnet sie als die erste wirkliche Genossenschaft. (vgl. ICA 2013).

In den 70er Jahren des 18. Jahrhunderts erhält Carl Gottlieb Svarez (oder Suarez), Jurist in preußischen Diensten, in noch sehr jungen Jahren den Auftrag, ein landwirtschaftliches Kreditsystem für die Provinz Schlesien zu schaffen. Nach seinen Vorstellungen „sollte eine genossenschaftlich organisierte Pfandbriefanstalt errichtet werden, die ihren Mitgliedern, den Grundbesitzern, bis zur Hälfte des Werts ihrer Güter Bargeld auf Hypotheken leihen könne. Diese Genossenschaft, ‚Landschaft' genannt, sollte die so erworbenen Hypotheken als Pfandbriefe, für die sie bürgte, in den Wertpapierhandel bringen. Der Zinssatz dieser Briefe wurde von der ‚Landschaft' garantiert." Das neue Kreditsystem bürgerte sich rasch ein. „Es trug später zur Verbesserung der wirtschaftlichen Lage des schlesischen Adels viel bei." (Wolf 1963: 434f.). Auch in den Provinzen Ost- und Westpreußen entstanden solche genossenschaftlichen „Landschaften". In manchen von ihnen war die Mitgliedschaft obligatorisch (vgl. Weber 1998: 333ff.).

1780 wird in Ambelakia die erste griechische Genossenschaft errichtet (vgl. Centro italiano 2015).

1781 erscheint in der Schweiz Heinrich Pestalozzis Roman „Leonard und Gertrude", der genossenschaftliche Ideen darstellt. Die bäuerlichen Bewohner eines Dorfes zahlen – so das glückliche Ende der Geschichte – 25 Jahre lang „anderthalb Kreuzer" für jede geschnittene Garbe in einen „Steuerfond", um daraus gemeinsam alle Rechte der Gutsherrschaft, die auf ihren Feldern liegen, abzulösen (vgl. Pestalozzi 1933: 214ff.).

1786 wird berichtet: „Unter die Gegenstände, für welche in der bürgerlichen Gesellschaft noch zur Zeit nicht hinlänglich gesorgt ist, gehören ohne Zweifel auch die Todesfälle in solchen Familien des Mittelstandes, die weder reich noch arm sind, sondern ihr nothdürftiges Auskommen haben. Eine Krankheit eines der Ihrigen setzt solche Haushaltungen bald in ihren Vermögensumständen zurück: und erfolgt dessen Tod, so fallen ihr die an vielen Orten ungeheuren Begräbnißkosten oft noch schwerer, als der Verlust der Person. [...] So fielen Privatleute auf den Gedanken, sich diese Last dadurch zu erleichtern, daß mehrere dieselbe freundschaftlich unter sich vertheilten. So entstanden die Leichen- und Sterbe-Cassen, Trauerpfenningsgenossenschaften und andere Gesellschaften, welche bey jedem Todesfalle, der in ihrem Mittel geschieht, den Erben des verstorbenen Mitgliedes eine bestimmte Summe auszahlen, die sie durch gleiche Beyträge unter sich aufbringen." (Becker 1786: 4ff.).

1794 werden in Wien Uhrmacher-Genossenschaften gegründet (vgl. Centro italiano 2015).

1799 gründet Charles Fourier in Frankreich die „Phalanstères", genossenschaftliche Gemeinschaften auf der Grundlage der Freiwilligkeit, der Eintracht und der gegenseitigen Hilfe (vgl. Centro italiano 2015).

1806 entsteht in Osoppo, Italien, die erste neuzeitliche Molkereigenossenschaft (vgl. Centro italiano 2015).

1809 errichten in Luxemburg verschiedene Vereine der Gärtner und Bauern die ersten Genossenschaften überhaupt in Luxemburg (vgl. Centro italiano 2015).

1812 wird in Lennoxtown, Schottland, die Friendly Victualling Society gegründet, die erste Genossenschaft mit einem Rückvergütungssystem (vgl. Hasselmann 1971: 14). Sie existiert noch 1912, ebenso wie die Genossenschaften, die 1827 in Meltham Mill, 1830 in Bannockburn, 1832 in Hanley und in Ripponden, 1833 in Arbroath, 1834 in West Port, 1837 in East Wemyss, 1839 in Leslie, 1840 in Darvel, in S. Crosland und in Tillicoultry, 1842 in Freuchie, 1843 in Kettle und in Falkland, 1845 in Alva, in Hepworth, in Crewe und in Anchtermuchty, 1846 in Todmorden, in Selkirk, in Dysart und in Montrose, 1847 in Barrowford, Leeds, in Dumfries und in Menstrie gegründet wurden (vgl. Cole 1944: Karte „The Spread of Cooperation").

1816 wird in Hrubieszow, im damals russischen Teil Polens, eine landwirtschaftliche Genossenschaft gegründet (vgl. Centro italiano 2015).

Im gleichen Jahr bilden sich auch in Bern und in Fribourg verschiedene Molkereigenossenschaften, die ersten Schweizer Genossenschaften überhaupt (vgl. Centro italiano 2015).

In Dublin wird eine Produktionsgenossenschaft der Weber, „Liberties", ins Leben gerufen (vgl. Kulemann 1922: 141).

1817 erscheint in der Schweiz Heinrich Zschokkes Genossenschaftsroman „Das Goldmacherdorf", der die genossenschaftliche Selbsthilfetheorie darstellt. Der Verband schweizerischer Konsumvereine hat 1918 eine kommentierte Ausgabe in seiner Reihe „Pioniere und Theoretiker des Genossenschaftswesens" herausgeben. In den Kommentaren der Redaktion heißt es zu dem von Zschokke in seinem Roman dargestellten dörflichen Erziehungssystem: „Es springt klar in die Augen, daß in diesem System [...] auch das soziale Prinzip der konsumgenossenschaftlichen Organisation zu einem dem Wesen der pädagogischen Sache adäquaten

Ausdruck kommt." (Zschokke 1918: 149). Zu einer anderen Stelle wird festgestellt: „Der Dichter hat hier mit seinem Verständnis die unerläßliche Vorbedingung jeder Genossenschaftswirtschaft erfaßt." (Zschokke 1918: 159). Und zu einer weiteren Passage: „Was hier angeregt wird und in der Folge weiterentwickelt wird, ist eine Art landwirtschaftlicher Assoziation, die sich ungefähr mit dem Begriff der modernen Molkereigenossengenossenschaft deckt." (Zschokke 1918: 163). Zu einer anderen dörflichen Initiative wird gesagt: „Unter anderen Verhältnissen ist hier ein Grundprinzip des Rochdale-Plans vorweggenommen." (Zschokke 1918: 170). Noch 1928 wird im „Internationalen Handwörterbuch des Genossenschaftswesens" festgestellt, manche Wirtschaftsgrundsätze Zschokkes könnten „heute noch für die Verwaltungstätigkeit einer Konsumgenossenschaft Anwendung finden". (Faucherre 1928: 694).

1820 wird in Dublin eine zweite Produktivgenossenschaft der Weber gegründet (vgl. Kulemann 1922: 141).

1821 beginnt in London die „Cooperative and Economical Society", angeregt durch Robert Owen, ihre Arbeit und gibt den "Economist" heraus, die erste Zeitschrift, die genossenschaftliche Themen behandelt (vgl. Centro italiano 2015). Die Gesellschaft beruht auf Mitgliedsbeiträgen. Sie verpflichtet sich der politischen und religiösen Neutralität. Jedes Mitglied hat eine Stimme. Die Mitglieder wählen das Verwaltungskomitee. Es gilt die Freiwilligkeit und die Ablehnung von Kapitalhilfen. (Vgl. Totomianz 1928b: 675ff.).

1823 wird für Bayern das Konzept einer genossenschaftlich organisierten Vereinsbank entwickelt, um den Kapitalmarkt „für die Landwirtschaft aufzuschließen" (vgl. von Aretin 1823: passim).

1825 wird in Sibirien eine Konsumenten-Genossenschaft gegründet, die erste russische Genossenschaft überhaupt (vgl. Centro italiano 2015), von den aus dem Mittelalter herrührenden Formen abgesehen.

1827 gründet William King in Brighton einen Konsumverein (vgl. Wolff 1928: 135ff.), die „Cooperative Trading Association". Sie verfügt über einen ständigen und unveräußerlichen Gemeinschaftsfonds (vgl. Gide 1928: 134f.). King verficht die politische und religiöse Toleranz der Genossenschaften. Sie seien keine Angelegenheit bestimmter Klassen. „Das Genossenschaftswesen ist für alle Klassen der Bevölkerung von Vorteil", allerdings seien die Verbreitung von Wissen und Aufklärung notwendig, denn „das große Hindernis auf dem Weg der Genossenschaftsbewegung ist die Unwissenheit der arbeitenden Klassen." (Totomianz 1928c: 545ff.).

1828 beginnt William King mit der Herausgabe der genossenschaftlichen Zeitschrift „The Co-operator" (vgl. Totomianz 1928c: 545ff.).

1829 gründen die Genossenschaften in und außerhalb Brightons die Großeinkaufszentrale von Sussex (vgl. Totomianz 1928d: 148).

1830 wird in London die erste genossenschaftliche Fabrik Großbritanniens errichtet (vgl. Centro italiano 2015).

Zu diesem Zeitpunkt existieren in England bereits 266 Genossenschaften mit insgesamt 20.000 Mitgliedern (vgl. Totomianz 1928e: 459).

In den **1830er Jahren** gründen in der Schweiz wandernde Handwerksgesellen Speisegenossenschaften (vgl. Katzenstein 1928a: 22).

1831 wird in Manchester der erste britische Genossenschaftskongress abgehalten. Bis 1835 initiiert Robert Owen insgesamt sieben nationale Genossenschaftskongresse (vgl. Centro italiano 2015).

In Frankreich konstituiert sich die erste Arbeitergenossenschaft (vgl. Centro italiano 2015).

Zwischen 1831 und 1850 ist in Frankreich ein „Aufschwung der

Genossenschaftsbewegung" zu verzeichnen (vgl. Daudé-Bancel 1928: 264f.).

1832 schlägt Philippe Buchez eine gesetzliche Regelung für örtliche Genossenschaften vor, die u. a. das Prinzip eines dauernden und unübertragbaren Reservefonds vorsehen sollte, in den ein Fünftel des Gewinns gezahlt werden sollte. Er betont ausdrücklich die Freiwilligkeit der Mitgliedschaft. Zugleich initiiert er in Paris die Gründung einer Produktivgenossenschaft von Schreinern, die bis 1873 besteht. (Vgl. Gide 1928: 135). In ihrem Statut heißt es: „Die unterzeichneten Schreinerarbeiter verbinden sich zu einer Association, da es nur der Mangel eines hinreichenden Capitals und nicht ihr Wille ist, der sie zur Unterwerfung unter die Unternehmer treibt. Diese letzteren, die keine andere Mühe haben, als ihre Capitalien vorzuschießen, beuten die Arbeiter völlig aus, indem sie von den Resultaten der Arbeit einen weit größeren Antheil für sich in Anspruch nehmen, als ihnen in Anbetracht ihrer Leistungen zukäme. Die Vereinzelung der Arbeit ist es aber, die den Interessen der Arbeiter am meisten schadet, sie zwingt, sich den Anordnungen der Meister unbedingt zu unterwerfen u. s. w. Die Unterzeichneten haben daher beschlossen, sich dieser Unterwerfung zu entziehen und sich zu gemeinschaftlicher Ausbeutung ihrer Arbeit zu verbinden, um sich selbst ein Gesellschafts-Capital zu erwerben, das sie und alle Arbeiter, die in ihnen in dieser Association folgen, in den Stand setzen soll, selbstständig Arbeiten zu unternehmen, in Fällen momentaner Arbeitseinstellung Unterstützung zu gewähren, für die Erziehung und den Unterricht der Kinder zu sorgen und die Waisen und Arbeitsunfähigen zu erhalten; mit einem Wort das zu bildende Gesellschaftskapital soll zur Verwirklichung der heiligen Pflichten der Menschen dienen, wonach sie wie Brüder einander lieben und gegenseitig unterstützen sollen u. s. w." (zit. n. Schultze 1867: 11f.). Ähnlich formulierte es über zwanzig Jahre später in Deutschland Schulze-Delitzsch.

1833 gründen Michel Derrion und Joseph Peynier in Lyon die „Genossenschaft des ehrlichen und sozialen Handels", die erste Distriktgenossenschaft mit zahlreichen Zweigstellen in Frankreich (vgl. Daudé-Bancel 1928: 264f.).

1834 wird in Homberg am Rhein eine Genossenschaft zum Neubau und Betrieb einer Windmühle gegründet (vgl. Schreiber 1928: 640f.).

1835 gestattet die englische Gesetzgebung die Bildung einer genossenschaftlichen Zentralgesellschaft mit Niederlassungen überall in der Welt (vgl. Centro italiano 2015).

1838 wird in Madrid die „Allgemeine Assoziation der Viehzüchter Spaniens" gegründet, die erste Genossenschaft in Spanien überhaupt (vgl. Centro italiano 2015).

1839 kommt es in Paris zur Gründung einer – kurzlebigen – Genossenschaftsbäckerei (vgl. Gaumont 1928: 681).

In Orizba wird die erste mexikanische Genossenschaft gegründet, eine Kreditgenossenschaft (vgl. Centro italiano 2015).

1840 erscheint in Frankreich „L'organisation du Travail" von Louis Blanc. In dem Buch werden die Grundlagen einer genossenschaftlichen Bewegung der Arbeiter dargestellt. Die Produktivgenossenschaft war für Blanc „die höchste Genossenschaft" zur Lösung der sozialen Frage. (Vgl. Totomianz 1928f: 119f.). Blanc strebte mit der Gründung von Genossenschaften sowohl in der Industrie als auch in der Landwirtschaft unter Einschluss verschiedener Verstaatlichungen eine „wirtschaftliche Umwälzung und die allmähliche, friedliche, ruhige Abschaffung des Proletariats" an (vgl. Blanc 1899: 151ff.). Schulze-Delitzsch verfolgte später vergleichbare Ziele, allerdings in und mit anderen Formen. Die Produktivgenossenschaft jedenfalls war auch für ihn die wichtigste Genossenschaftsart zur Lösung der sozialen Frage.

In den 1840er Jahren beginnen in den tschechischen Ländern Österreichs die „Anfänge der genossenschaftlichen Bewegung der Arbeiterschaft" (vgl. Fiser 1928: 886).

1841 erscheinen die ersten Folgen von Giuseppe Mazzinis „I Doveri dell'Uomo" (Die Pflichten des Menschen). Für Mazzini sind genossenschaftliche Vereinigungen „das sicherste Mittel zur Emanzipation". Er gründet 1842 die Generalvereinigung der Arbeiter, deren Ziel u. a. die „Förderung und Erleichterung der Genossenschaften" ist. Im Zentrum seines Modells stehen die Produktivgenossenschaften. Die Fundamentalforderung an eine Genossenschaft ist die Selbsthilfe. „Es müßte eine freie, freiwillige Vereinigung zwischen Menschen sein, die sich kennen, achten und lieben, nicht gezwungen und beeinflusst von Regierungsgewalt müßte sie von euren Abgeordneten verwaltet werden, die ihr, wenn ihr wollt, wieder abberufen könnt.". Auch Mazzini will dadurch die soziale Frage lösen. Er spricht sich gegen Staatshilfe aus, auch in Form von Krediten. Das genossenschaftliche Kapital muss immer selbst finanziert werden. Für die Kreditvergabe sollen Volksbanken sorgen. Die Mitgliedschaft hat offen zu sein. (Vgl. Manfredi 1928: 618ff.). Mazzini geht von einigen philosophisch-religiösen Prinzipien aus. Dazu gehören: Die Existenz Gottes; das Gesetz des Fortschritts, das sich durch den Weg zur Humanität, zur Assoziation freier Nationen realisiert; die Heiligkeit der Pflicht; auf dem sozialen Feld die Erziehung und die materielle Verbesserung der Massen durch das Vereinswesen, ausgedehnt auf alle Felder des zivilen Lebens, um alle Kräfte des allgemeinen Wohls zu vereinigen. Mazzini propagiert besondere Kreditformen, um den Arbeitsgenossenschaften das Eigentum an den Produktionsmitteln zu ermöglichen. (Vgl. Scirocco 1993: 178ff.).

Mazzini proklamiert unter anderem: „Unter den Elementen des sozialen Lebens, die ihre Wurzeln in der menschlichen Natur haben, hat neben der Religion, der Freiheit und Assoziation auch das Eigenthum seine Stelle. [...] Das Heilmittel für Euer materielles Elend, Ihr Arbeiter, liegt in der Vereinigung des Kapitals und der Arbeit in denselben Händen. Wenn jedermann Produzent und zugleich Konsument sein wird, [...] dann werden die dauernden Ursachen Eures Nothstandes entschwinden.[...] Die assoziierte Arbeit, die Vertheilung der Früchte der Arbeit oder des Ertrages vom Verkauf der Produkte unter den Arbeitern – im Verhältniß der vollbrachten Arbeit und des Werkes derselben, dies ist das Mittel zur sozialen Reform. [...] Die Freiheit, sich zurückzuziehen ohne der Assoziation zu schaden, Untheilbarkeit und fortwährende Dauer des kollektiven Kapitals, für alle gleichen Lohn, Vertheilung nach Quantität und Qualität der Arbeit, dies sind die allgemeinen Grundsätze, die den Baugrund Eurer Assoziation bilden sollen." Mazzini fasst das in dem Dreiklang zusammen: „Freiheit, Erziehung, Association." Ferner heißt es bei ihm: „Durch die Association mit Eures Gleichen steht Ihr über alle Kreaturen erhoben und seid ihre Herren, vereinzelt dagegen werdet Ihr ihnen unterliegen und nie zur Entwickelung des vollen Lebens gelangen. [...] Es giebt aber Bestrebungen und Ziele, die nicht alle Bürger umfassen, sondern nur eine gewisse Anzahl derselben, und diese müssen das Recht haben, eine besondere Association zu gründen." (Pederzani-Weber 1888: 30ff.). „Das Recht zur Assoziation ist heilig, weil sie das Individuum in die Gemeinschaft mit den anderen stellt." (Mattarelli 2005: 81ff.).

Auch bei Mazzini sind also viele Elemente der gesellschaftstheoretischen Konzeption Schulze-Delitzschs vorgeprägt.

1843 wird in Japan wird die erste Genossenschaft von landwirtschaftlichen und handwerklichen Arbeitern, Hotokusha, gegründet (vgl. Centro italiano 2015).

1844 bildet sich die erste Genossenschaft in Island, eine Konsumgenossenschaft (vgl. Centro italiano 2015).

Im gleichen Jahr endet eine dreihundertjährige Phase der Genossenschaftsgeschichte, die man die Inkubationszeit des modernen Genossenschaftswesens nennen könnte. Was die norditalienischen Schauspieler der Commedia dell'Arte 1545 gewissermaßen in aller Naivität begonnen haben, vollenden 1844 die Rochdale-Pioniere sehr zielbewusst. Sie – nämlich 28 Flanellweber - gründen in Mittelengland die „Rochdale Society of Equitable Pioneers", die bis heute berühmteste Genossenschaft der weltweiten Genossenschaftsbewegung. Am 21. Dezember 1844 wurde ihr Laden in der Toad Lane eröffnet. Die „redlichen Pioniere" formulierten bereits die grundlegenden Prinzipien von Genossenschaften, die später von der International Co-operative Alliance – modifiziert – übernommen wurden. Die vier wichtigsten Prinzipien waren und sind: „democratic control" (demokratische Herrschaft und Kontrolle), „open membership" (offene Mitgliedschaft), „fixed and limited interest on capital" (begrenzte Kapitalverzinsung), „distribution of the surplus as dividend on purchase" (Gewinnverteilung abhängig vom Umsatz). Luigi Luzzatti, der große italienische Genossenschafter des 19. Jahrhunderts, bezeichnete die Rochdaler Pioniere als die „Heiligen der Genossenschaftsbewegung". (Vgl. Cole 1944: 37ff.; Hasselmann 1971: 18ff.; Birchall 1997: 7; Totomianz u. Wingler 1928: 751).

1845 wird in Chemnitz die „Ermunterung" gegründet, die erste deutsche Konsumgenossenschaft (vgl. Hasselmann 1971: 41ff. und Katzenstein 1928b: 220).

Im gleichen Jahr erscheint eine Veröffentlichung des Historikers Wilhelm Adolf Schmidt, in der es heißt: „Die Verarmung, sahen wir, trat in Folge der Isolirung ein [...] Es kann also nicht zweifelhaft sein worauf es zunächst ankommt; darauf, diese Isolirung aufzuheben ohne deshalb die Freiheit wieder preiszugeben, ohne zu den überwundenen Stufen der Entwickelung zurückzukehren. Und dies ist einzig nur möglich, durch die Association, durch die freie Verbrüderung in der sittlichsten Bedeutung, mit dem Zwecke der wechselseitigen Unterstützung oder gegenseitiger Assecuranz. Nur sie kann, ohne die Freiheit und Selbstbestimmung des Einzelnen zu beeinträchtigen, die materiellen Bürgschaften unfreier und unselbstständiger Lebensverhältnisse ersetzen, und darüber hinaus auch sittliche der bedeutsamsten Art gewähren. Sie ist das einzige Mittel durch dessen Anwendung von Seiten der Gesellschaft selber dem Nothstande dauernd vorgebeugt werden kann, ja auf ewige Zeiten hinaus, sofern ihr eigener Lebensnerv nicht zerreisst oder verfault.

[...]
Man blicke nur auf die mannigfaltigen Versicherungs- oder Assecuranzgesellschaften gegen Feuersnoth, gegen die Gefahren des Handels und der Schiffahrt, oder gegen Unglücksfälle beim Trans-

port der Waaren zu Wasser und zu Lande, gegen Hagelschäden, gegen Viehseuchen u. s. w.! Was anders sind die Associationen zu gegenseitiger Verbürgung des grösseren oder geringeren Eigenthums? – Oder man blicke auf die zahllosen Lebensversicherungen, Rentenanstalten, Wittwenkassen; auf die Kassenverbände der Gewerke und anderer bürgerlicher Klassen, wie hier und da der Schriftsetzer und Buchdrucker, der Stubenmaler und Schullehrer; auf die Gesellschaften der Handelsreisenden gegen unverschuldete Dürftigkeit und Krankheit, wie sie in London schon seit 45 Jahren bestehen; auf die Unterstützungsvereine für hülfsbedürftige Handlungsdiener in Berlin u. a. a. O.; auf die gegenwärtig in Paris sich bildende Verbindung zur Unterstützung hülfsbedürftiger Künstler, als der Historien- und Genremaler, der Bildhauer und Architekten, der Kupferstecher und Zeichner; auf die Stiftungen zur Unterstützung nothleidender Aerzte, wie die Hufeland'sche in Berlin; auf die durch preußische Synoden in Aussicht gestellte Bildung eines Pensionsfonds für alte und schwache Geistliche mittelst bestimmter Beiträge sämmtlicher Geistlichen! Was sind sie anders als Associationen zu wechselseitiger Unterstützung der Mitglieder oder ihrer Angehörigen?" (Schmidt 1845: 36 u. 38).

Es handelt sich also abermals um einen Vorgriff auf die Vorstellungen Schulze-Delitzschs, der ebenfalls ein vielfältiges Netz von Assoziationen zur Lösung der sozialen Frage anstrebt.

1846 gründet Bergsoe in Dänemark die erste bäuerliche Kreditgenossenschaft (vgl. Veiland-Haupt 1928: 164).

1847 wird in London durch William Howitt die „Genossenschaftsliga" gegründet (vgl. Totomianz 1928d: 148).

In Mannheim wird das genossenschaftliche Kreditinstitut „Darleihkasse" gegründet (vgl. Schulze-Delitzsch 1860: 18f.) und in Frankfurt/Oder die „Creditkasse des Vereins für das Wohl der arbeitenden Klassen" (vgl. Schulze-Delitzsch 1861: 18f.). Schulze-Delitzsch nimmt diese von ihm sozusagen vorgefundenen Genossenschaften später in seinem Verband auf.

Jean Maurice Fibre gründet in Parana die erste brasilianische Genossenschaft (vgl. Centro italiano 2015).

1848 werden in Belgien die ersten Genossenschaften von Bäckern errichtet (vgl. Centro italiano 2015).

Victor Aimé Huber veröffentlicht in seiner in Berlin erscheinenden Zeitschrift „Janus" den Aufsatz „Selbsthülfe der arbeitenden Klassen durch Wirtschaftsvereine und innere Ansiedlung", wozu der in den und für die Raiffeisen-Vereine tätige Willy Krebs später feststellte, Huber sei „der erste zielbewußte deutsche Denker des Genossenschaftswesens" (vgl. Krebs 1928b: 463).

In Berlin trägt Ludwig Bisky, einer der führenden Revolutionäre und Vorsitzender der Berliner „Arbeiterverbrüderung", in Arbeiterversammlungen genossenschaftliche Konzepte vor. Dazu bemerkte der leidenschaftliche Anhänger Raiffeisens, Adolf Wuttig, 60 Jahre später: „Er ist der eigentliche Gründer unseres deutschen Genossenschaftswesens." (Wuttig 1907: 4).

Das Berliner Lokalkomitee der „Arbeiterverbrüderung" bildet einen „Broteinkaufsverein" und ruft „eine genossenschaftliche Zentralkrankenkasse ins Leben. Für den Hauptinitiator der Arbeiterverbrüderung, Stephan Born, dient die umfassende genossenschaftliche Organisation der ganzen Gesellschaft der Lösung der sozialen Frage. „Born sieht in seinen wirtschaftlich-genossenschaftlichen Organisationen ein gewaltiges, die Gesellschaft umschaffendes Moment, das die Klassengegensätze beseitigen wird und eine solidarische Produktionsgemeinschaft aufbauen soll." (Kampffmeyer 1928: 124ff.).

Ebenfalls 1848 wird in Cöslin die „Handwerkerdarlehnskasse zu Cöslin" gegründet, auch sie nimmt später Schulze-Delitzsch in seinen Verband auf (vgl. Schulze-Delitzsch 1861: 18f.).

An dieser Stelle endet unser historischer Überblick. Schon diese äußerst knappe Kenntnisnahme anthropologischer, vorgeschichtlicher und historischer Befunde zeigt deutlich, dass die Idee der

Genossenschaft in der menschlichen Entwicklung und in den menschlichen Gesellschaften zumindest latent immer vorhanden war. Die eingangs zitierte Feststellung Ivano Barberinis, das Genossenschaftliche finde man in der DNA der Menschen, war also nicht so verwegen, wie es zunächst ausgesehen haben mag. Das kooperative Zusammenspiel von Menschen um bestimmter Ziele willen war urwüchsig schon gegeben, bevor sich daraus eine allgemeine Idee entwickelte. Die wildpferdjagenden Gruppen von Neandertalern praktizierten zwar schon Kooperationen, aber inwieweit sie sich über die dadurch realisierte Idee verständigen konnten, um sie etwa weiter zu entwickeln, mag fraglich sein. Aber spätestens im antiken Griechenland war die genossenschaftliche Idee virulent.

Hermann Schulze-Delitzsch

Schulze-Delitzsch gründete 1849 in seiner Heimatstadt je eine Einkaufsgenossenschaft für Tischler und für Schuhmacher. Für sie galten die Prinzipien der Selbsthilfe und der Solidarhaft. (Vgl. Stein 1928: 802). Im Jahr darauf gründen Anton Bernhardi und Ernst Bürmann in Eilenburg „die erste deutsche Kreditgenossenschaft mit Solidarhaft". Im gleichen Jahr bildet Schulze-Delitzsch in Delitzsch einen Vorschussverein, zunächst auch auf der Basis von Zuwendungen. Später entwickelte er daraus eine Selbsthilfe-Genossenschaft (vgl. Stein 1928: 802) und übernahm für sie das Prinzip der Solidarhaft nach dem Modell in Eilenburg (vgl. Ruhmer 1928: 181). Diese Gründungen Schulze-Delitzschs werden vom deutschen Genossenschaftswesen wider alle Realität als die ersten „modernen" Genossenschaften bezeichnet.

Welche Bedeutung kommt denn nun aber ihm in der unendlichen Genossenschaftsgeschichte tatsächlich zu? Er hat nichts anderes getan, als eine Idee aufzugreifen, über die in weiten Teilen Europas, einschließlich Deutschlands, seit Jahrzehnten lebhafte öffentliche Diskussionen stattfanden und die überall in unterschiedlichen Formen realisiert worden war. Für Schulze-Delitzsch als zutiefst politischem Menschen waren die Genossenschaften, seine Genossenschaften, wesentlicher Bestandteil einer umfassenden gesellschaftlichen Bewegung, um die zu seiner Zeit ungeheuer drängende soziale Frage zu lösen. Nichts weniger sollte sie leisten als die gesellschaftliche und politische Emanzipation von Arbeiterschaft und Handwerkerschaft fördern. Zu dieser Bewegung gehörten neben den Wirtschaftsgenossenschaften auch Arbeiterbildungsvereine, Gewerkschaften, Hilfskassen (also Sozialversicherungsvereine auf der Basis der Selbsthilfe). Schulze-Delitzsch engagierte sich in der Volksbildung, kämpfte für Pressefreiheit und allgemeines Wahlrecht, für mehr Demokratie. Aus guten Gründen nannte er die Genossenschaften „Schulen der Demokratie". Sie – die Genossenschaften – für deren wichtigsten Bestandteil Schulze-Delitzsch die Produktivgenossenschaften hielt, waren für ihn Teil einer großen liberalen und demokratischen Bewegung. Er war Mitbegründer der linksliberalen Partei in Deutschland und initiierte die Gründung der ersten Gewerkschaften, der Gewerkvereine. Die Genossenschaften waren ebenso wie die liberale Partei auch Teil der bürgerlichen Nationalbewegung, die die staatliche Einheit der deutschen Nation erstrebte, wobei allerdings bei Schulze-Delitzsch ein teilweise deutlich nationalistischer Ton (vor allem gegenüber Polen und Frankreich) zu Tage trat. Die Größe Schulze-Delitzschs liegt in der gesellschaftlichen und historischen Bedeutung seines Engagements, in dessen Vielfältigkeit, in der Leidenschaftlichkeit und Furchtlosigkeit, mit der er seine Kämpfe im obrigkeitlich konstituierten Preußen und später im Deutschen Reich durchfocht. (Vgl. Kaltenborn 2012a: passim; Kaltenborn 2012b: passim; Kaltenborn 2012c: passim; Kaltenborn 2014a: passim).

Die Prinzipien Schulze-Delitzschs, die er auf die Genossenschaften angewandt wissen wollte, waren: Selbsthilfe; Freiwilligkeit, auch des Austritts, also offene Mitgliedschaft; Selbstverwaltung und Gesamtheit der Mitglieder als oberstes Entscheidungsorgan; solidarische Haftung; keine Unterstützung aus öffentlichen und/oder privaten Mitteln; Verteilung von Gewinn und Verlust nach Köpfen; gleiche Rechte und Pflichten für alle; entschiedene Ablehnung von Mehrstimmrechten; Bildung von Geschäftsanteilen. (Vgl.

Schulze-Delitzsch 1853:4f. u. 40ff.; Schulze-Delitzsch 1863: 71ff., 111fff., 120, 124ff., 131; Schulze-Delitzsch 1870: 253; Schulze-Delitzsch 1876a: 162).

Gemessen an seinen umfassenden gesellschaftspolitischen und verfassungspolitischen Zielen hat Schulze-Delitzsch allerdings nicht viel erreicht. Die soziale Frage seiner Zeit ist zwar gelöst worden, aber zum geringsten Teil dank der Selbsthilfe der benachteiligten Klassen. Sein demokratisches Engagement ist heute so gut wie vergessen. Selbst das heutige Genossenschaftswesen hat nur wenig mit den Intentionen Schulze-Delitzschs zu tun. Denn es ist nicht Bestandteil einer umfassenden sozialen Bewegung und zum anderen widersprechen viele gesetzliche Vorschriften eklatant den Vorstellungen Schulze-Delitzschs. Die Möglichkeit von Mehrstimmrechten, der Verzicht auf durchgängige Gewinnverteilung nach Köpfen, die Gesetzesbestimmung, wonach anstelle der Generalversammlung aller Mitglieder eine Vertreterversammlung installiert werden kann, die Zwangsmitgliedschaft in Prüfungsverbänden, der die deutschen Genossenschaften seit 1934 unterworfen sind – all das wäre für Schulze-Delitzsch mit dem Geist einer freien Genossenschaft als Schule der Demokratie und als Vehikel der Emanzipation nicht zu vereinbaren gewesen.

Auch die Beschränkung des deutschen Genossenschaftswesens, also der großen Verbände, auf das Gesetz und damit lediglich auf die eingetragene Genossenschaft verleugnet den Geist Schulze-Delitzschs. Diese Scheuklappen gegenüber der bunten Vielfalt sowohl von wirtschaftlichen Kooperationen als von zivilgesellschaftlichen Organisationen aller Art – das engt den Blick ein und schadet in Wirklichkeit der Genossenschaftsidee. (Es gibt unter den großen Verbänden im Deutschen Genossenschafts- und Raiffeisenverband allerdings eine Ausnahme, den „Mittelstandsverbund – ZGV e. V.“, dem rund 230 Verbundgruppen angeschlossen sind, davon nur die Hälfte in der Rechtsform der Genossenschaft – vgl. Kaltenborn 2014b: 296f. u. MGV 2015). Wollte man also heute, unter ganz anderen gesellschaftlichen und politischen Bedingungen, Schulze-Delitzsch ernst nehmen, dann hätte man erst einmal dafür zu sorgen, dass wo immer sich „Vereinigungen atomistisch vereinzelter kleiner Kräfte zur Erreichung gemeinschaftlicher Zwecke" bilden, sie in seinem – Schulze-Delitzschs – Sinne als Realisierung der Genossenschaftsidee gesehen werden. Das könnte der Anerkennung der Genossenschaftsidee in der Gesellschaft nur nützen. Zumindest in einem Punkt kann auch die Rückführung des Genossenschaftsgesetzes auf seine ursprüngliche Bestimmung den genossenschaftlichen Vorstellungen Schulze-Delitzschs entgegenkommen, nämlich mit der Aufhebung des seit Oktober 1934 bestehenden Anschlusszwanges von Genossenschaften an Prüfungsverbände. Diese Zwangsmitgliedschaft war Teil des nationalsozialistischen Ungeistes (vgl. Kaltenborn 2015: passim).

Dass Schulze-Delitzsch trotzdem heute noch beim offiziellen deutschen Genossenschaftswesen als Begründer der „modernen" Genossenschaft gilt und in hohem (allerdings auch hohlem) Ansehen steht, hat offensichtlich zweierlei Gründe: Er hat erstens die Initiative für ein spezielles Genossenschaftsgesetz in Preußen ergriffen (das später auf ganz Deutschland ausgedehnt wurde) und er hat intensiv dafür gekämpft. Dieses Gesetz von 1867 hat unzählige Änderungen erfahren; einige sind eben genannt worden. Es ist also nicht mehr das Gesetz Schulze-Delitzschs, aber es ist auf ihn zurückzuführen. Und zweitens hat Schulze-Delitzsch schon sehr früh, nämlich 1859, einen Verband der deutschen Genossenschaften gegründet, der bis auf eine kurze Unterbrechung nach 1945 immer präsent war, auch in der Zeit der nationalsozialistischen Diktatur. Schulze-Delitzsch hat also zwei Markierungen gesetzt, die heute noch existieren. Das schafft Stetigkeit in der Erinnerung, wie berechtigt ihre Inhalte objektiv auch sein mögen.

Friedrich Wilhelm Raiffeisen

Raiffeisen gründete 1846 in Weyerbusch (Westerwald) mit wohlhabenden Einwohnern einen Unterstützungsverein, der Mehl aufkaufte und Brot backte, das an die Armen für den halben Preis abgegeben wurde; in der Folge besorgte der Verein auch günstiges Saatgut (vgl. Raiffeisen 1887: 4 u. Krebs 1928a: 714ff.). Von genossenschaftlicher Idee und Praxis war das allerdings noch recht weit entfernt.

Zwei Jahre später sorgte er in Flammersfeld (ebenfalls Westerwald) zusammen mit ungefähr 60 der „wohlhabendsten Einwohner des Bezirks" für die Gründung eines weiteren Hilfsvereins, der die Beschaffung von Vieh für die ärmeren Bauern besorgte. Die Mitglieder hafteten „gleichheitlich". (Vgl. Raiffeisen 1872: 10f.; vgl. auch Krebs 1928a: 714ff.). Es handelte sich also dabei immer noch nicht um Selbsthilfe und damit auch noch nicht um eine Genossenschaft im Sinne der späteren Konzeption Raiffeisens.

Abermals vier Jahre später entstanden auf private und behördliche Anregungen hin vier „auf rein genossenschaftlicher Grundlage aufgebaute Winzergenossenschaften an der Mosel." Diese Winzervereine führten bereits den Namen „Genossenschaft". Sie praktizierten die offene Mitgliedschaft und den gemeinschaftlichen Geschäftsbetrieb. Dieser bestand in der Beschaffung gemeinschaftlicher gesunder Weinkeller und der Behandlung und Beaufsichtigung der in den Kellern vorhandenen Weine. Die Mitglieder hafteten solidarisch. Es gab keine Gewinnbeteiligung. Alle Überschüsse wurden dem Reservefonds zugewiesen. Der Vereinsbezirk war identisch mit dem Gebiet der Gemeinde. „Die Vereinigung war eine klar ausgesprochene Erwerbs- und Wirtschaftsorganisation. [...] Die Berührungspunkte zwischen dem späteren Werk Raiffeisens und dem zeitlich früheren der Winzer liegen ziemlich offen zutage." (Blesius 1929: 19ff.).

Raiffeisen wiederum veranlasste 1854 die Gründung des „Heddesdorfer Wohltätigkeitsvereins". Auch jetzt waren die Träger wohlhabende Einwohner. Der Heddesdorfer Verein sorgte für die Erziehung verwahrloster Kinder, kümmerte sich um die Beschäftigung von Arbeitslosen, besonders der entlassenen Strafgefangenen und gründete schließlich eine Kreditkasse (vgl. Raiffeisen 1872: 11). So musste Willy Krebs, der immerhin führend in der Raiffeisen-Organisation tätig war, später feststellen, die drei Vereine in Weyerbusch, Flammersfeld und Heddesdorf seien „Organe der Wohltätigkeit und noch nicht solche der ‚Selbsthilfe'. Der

Schritt zur eigentlichen Genossenschaft wurde erst gemacht, als die Hilfsbedürftigen selbst die solidarisch haftenden Mitglieder wurden". (Krebs 1928c: 852f.).

Allmählich sah Raiffeisen ein, „daß die bisher auf dem Prinzip der Wohltätigkeit aufgebauten Vereine keine Lebensfähigkeit besaßen. Aber sein Streben, die ländliche Not zu bekämpfen, gab er nicht auf. Er suchte daher nach haltbareren Formen des Zusammenschlusses." Im Jahre 1862 hatte er „schließlich eine geeignete Form für die Bildung der ländlichen Genossenschaften gefunden. Daraufhin entstanden die Darlehnskassenvereine für das Kirchspiel Anhausen sowie für die Kirchspiele Rengsdorf und Bonefeld, der Darlehnskassenverein für die Bürgermeisterei Engers und der für die obere Grafschaft Wied." (Blesius 1929: 12f.; vgl. auch Zeidler 1893: 121f.). In dieser Zeit notierte Raiffeisen. „Ich konnte mich von der Idee nur ungern trennen, daß solche Vereine nicht auf Eigennutz, sondern auf Christenpflicht und Nächstenliebe gegründet fortbestehen müßten." Er musste Schulze-Delitzsch aber Recht geben, „daß derartige Vereine nur dann lebensfähig sind und bestehen können, wenn sie auf die unbedingteste Selbsthilfe gegründet sind, d. h. nur aus solchen Personen gebildet sind, welche der Hilfe persönlich bedürfen. [...] In dieser Erkenntnis gestaltete dann Raiffeisen den Heddesdorfer Verein nach dem Muster der Schulzischen Kredit- und Vorschußvereine um [...]." (Vgl. Blesius 1929: 14ff.).

1864 kam es zu dieser Neugründung. Jetzt war der Heddesdorfer Verein eine Institution der Selbsthilfe, kannte Eintrittsgelder, Geschäftsanteile, Gewinnverteilung und (wie bisher) den unteilbaren Reservefonds. Er betrieb nur noch Darlehnsgeschäfte. (Vgl. Raiffeisen 1872: 12ff.; Blesius 1929: 15).

Die Jahre 1862/64 können als der Beginn der wirklichen Genossenschaften Raiffeisens angesehen werden.

Neue Ideen brachte also auch Raiffeisen nicht in die genossenschaftliche Geschichte ein. Getrieben von dem durch seine tiefe Christlichkeit inspirierten Bedürfnis, der armen und ärmsten

Landbevölkerung seiner Heimat zu helfen, der Not zu entrinnen, setzte er an der nächstliegenden Möglichkeit an: Wohlhabende dazu zu bewegen, ebenfalls aus christlicher Verantwortung institutionalisiert, nämlich über Hilfsvereine, Geld für unterschiedliche Maßnahmen zur Verfügung zu stellen, für Viehankauf, den Schulbesuch verwahrloster Kinder, für die Anwendung neuer landwirtschaftlicher Geräte und Methoden. Den richtigen Weg zu seinen Zielen fand er erst nach jahrelangen Versuchen. Trial and error – das war seine Methode.

Die Größe Raiffeisens besteht in der Leidenschaftlichkeit seines Kampfes bis zur Rücksichtslosigkeit gegen sich selbst (vgl. Koch 1986: 16ff.), den er zur Überwindung der wirtschaftlichen und sittlichen Armut in seiner Heimat führte. Sein Wirken war für ihn nichts anderes als die konsequente Anwendung seines christlichen Glaubens (vgl. Raiffeisen 1922: 11), der ihn in seiner Intensität, um nicht zu sagen in seinem Fundamentalismus, einen Gottesstaat erstreben ließ (vgl. Schäfer 2010: 6 u. 14ff.). So schrieb er noch 1887: „Es handelt sich also in erster Linie darum, nicht nach vergänglichem Erdenglück, sondern nach den ewigen himmlischen Gütern zu trachten, wozu uns Christus selbst durch Lehre und Beispiel den Weg gezeigt hat." (Raiffeisen 1887: 2). Umfassende theoretische Reflexionen wie bei Schulze-Delitzsch finden sich bei Raiffeisen weniger. Eine unschöne Frucht, die bei Raiffeisen in diesem Zusammenhang reifte, war sein Antisemitismus (vgl. Kaltenborn 2014b: 69ff.). Abgesehen davon, erinnert bei Raiffeisen vieles an Johann Friedrich Oberlin.

Für Raiffeisen sind am Ende, als er sein genossenschaftliches Modell vollendet hatte, folgende genossenschaftliche Prinzipien zu nennen: Selbsthilfe; offene Mitgliedschaft; solidarische Haftung; keine Beiträge, keine Dividende, keine Geschäftsanteile; Förderung der Vereine durch Wohlhabende; Beschränkung der Mitgliedschaft und Wirksamkeit auf einen (kirchlichen) Gemeindebezirk; bessere Bildung und Ausbildung; effizientere Formen der Bodenbearbeitung; Geltung christlicher Prinzipien in den Genossenschaften (vgl. Raiffeisen 1872: Vorwort u. Zeidler 1893: 121ff.).

Worauf ist nun aber der nachhaltige Ruhm Raiffeisens zurückzuführen, wenn er doch wenig oder sogar gar nichts an Neuem zur Genossenschaftsidee beigetragen hatte? Zunächst wäre die Konzentration seines Wirkens auf die Landwirtschaft und auf seine Region zu nennen. Weiterhin wäre da die enge Verknüpfung mit der Kirche, und zwar vorrangig mit der katholischen Kirche, obwohl Raiffeisen Protestant war. In der Regel waren die Pfarrer „Rechner", also Buchhalter, der örtlichen Raiffeisen-Kasse. Der oldenburgische Gesandte in Berlin, Georg Eucken-Addenhausen, stellte fest, „daß kein Berufsstand treuere, erfolgreichere Führer der Raiffeisenschen Darlehnskassenvereine bisher gegeben hat, als der geistliche Stand" (zit. n. Wuttig 1907: 20). Ferner: Die Raiffeisen-Genossenschaften fuhren bald zweigleisig, denn „neben der Darlehnsgewährung wurde zum wichtigsten Geschäftszweig die gemeinsame Beschaffung landwirtschaftlicher Rohstoffe, wie Dünger, Futterstoffe, Sämereien u. s. w." (Zeidler 1893: 295).

Schließlich erhielt die Raiffeisen-Bewegung obrigkeitliche Unterstützung, zunächst von den preußischen Behörden im Rheinland, und zwar gerade aufgrund ihrer anfänglichen Erfolge bei der Bekämpfung der ländlichen Armut (vgl. Schneider 2005: 313f.). Das zunehmende Wachstum der Raiffeisen-Vereine (sowohl an Zahl wie an Bedeutung) wurde „besonders angeregt und unterstützt durch das Wohlwollen der Regierungs- und Verwaltungsbehörden, welche entweder der Agitation unmittelbar Vorschub leisteten, oder ihre Entstehung durch Befreiung oder Erleichterung von Steuer, Gebühren u. s. w. begünstigten." (Zeidler 1893: 295). Der preußische Landwirtschaftsminister Robert Lucius beauftragte 1880 Raiffeisen sogar, die Notstandsbezirke Schlesiens zu bereisen, um ein Gutachten zu erstellen (vgl. Zeidler 1893: 296). Raiffeisen und seine Genossenschaften standen nicht, wie die Genossenschaftsbewegung Schulze-Delitzschs in Opposition zur politischen Obrigkeit. Als letzter Grund für die Beständigkeit des Ansehens Raiffeisens wäre wohl die rasche Übernahme seines Systems im Ausland zu nennen. Fast überrascht stellte Raiffeisen selbst Ende der 1880er Jahre fest, „das Interesse für die Vereine wächst, mit wenigen Ausnahmen, auch in den übrigen europäischen Ländern". Das zeigten die „Besprechungen in öffentlichen Blättern". So gebe es Interesse in Russland, den Niederlanden, Belgien, Spanien, Frankreich, Dänemark, Schweiz, Italien, Österreich-Ungarn. (Vgl. Raiffeisen 1887: XIII).

Schulze-Delitzsch und Raiffeisen in den Urteilen der frühen Genossenschaftsgeschichte

Interessanterweise haben die älteren Autoren, die sich mit den Ursprüngen und Entwicklungen der Genossenschaften befasst haben, noch gewusst, wie die Anfänge des neueren Genossenschaftswesens tatsächlich verlaufen sind.

So stellte Hans Crüger 1898 fest: „Schulze-Delitzsch hat die Genossenschaften nicht erfunden." Sein Verdienst sei es, sie „modernen Verhältnissen und Bedürfnissen angepaßt [...] zu haben." (Crüger 1898: 10). Crüger war seit 1896 Anwalt (also Vorsitzender) des von Schulze-Delitzsch gegründeten „Allgemeinen Verbandes der deutschen Erwerbs- und Wirtschaftsgenossenschaften". Er gehörte auch zur gleichen linksliberalen Partei wie Schulze-Delitzsch und hatte zu seiner Zeit das gleiche (im Zuschnitt geänderte) Reichstagsmandat inne.

Friedrich Müller schrieb 1901 eine umfangreiche Geschichte des landwirtschaftlichen Genossenschaftswesens, die große Sympathie zu ihrem Gegenstand aufweist. Darin heißt es: Die Gründungen Raiffeisens waren „keineswegs die einzigen und zweifellos auch nicht die ersten Institute ihrer Art in der damaligen Zeit [...], sondern nur Beispiele einer Vereinsform, welche in vielen Gegenden Deutschlands schon vor 1850 häufig auftauchten". (Müller 1901: 27).

Noch deutlicher sagte es Adolf Wuttig zu den Gründungen Schulze-Delitzschs: Die „Einrichtungen in Delitzsch" waren Kopien (vgl. Wuttig 1907: 4). Ähnlich, wenn auch nicht ganz so drastisch, formulierte es Richard Finck in einem von Wohlwollen getragenen

Überblick zum „Schulze-Delitzsch'schen Genossenschaftswesen": „Die Genossenschaftsidee lag in den 1840er Jahren sozusagen in der Luft." (Finck 1909: 12).

Willy Wygodzinski, ebenfalls ein Verfechter genossenschaftlicher Ideen und Grundsätze, sagte allgemeiner in seiner Darstellung des Genossenschaftswesens: „Nicht Schulze und nicht Raiffeisen, so groß die Verdienste beider Männer sind, sind die Begründer des Genossenschaftswesens, sondern uralte, in der Menschenbrust schlummernde Triebe und wirtschaftliche Zweckmäßigkeiten." (Wygodzinski 1911: 6).

Vergleiche helfen, so sagt man, die Sachlage klären: Seit Jahrzehnten gibt es Legosteine – als Realisierung einer Idee. Sie sind in vielen Farben und vielen Größen vorhanden. Als unsere Enkeltochter das erste Mal mit ihnen hantierte, wählte sie die ihr gefälligen Farben und Größen in der ihr genehmen Anzahl aus und baute damit, was ihr vorschwebte. Auf die Genossenschaftsgeschichte angewandt heißt das: Schulze-Delitzsch und Raiffeisen hatten die Prinzipien, Verfahren, Strukturen, die sie in den vielen genossenschaftlichen Konzepten und Realisierungen vorfanden, geprüft und dann so ausgewählt und zusammengefasst, dass sie im Ergebnis genossenschaftliche Modelle realisieren konnten, die zu ihren großen gesellschafts- und sozialpolitischen Zielsetzungen passten. Bei beiden ist das unübersehbar.

Schon Schulze-Delitzsch selbst sah das nicht anders: Es kann kein Zweifel darüber obwalten, sagte er, „daß wir in Deutschland gegen die Fortschritte des Associationswesens in England und Frankreich noch sehr zurückstehen." (Schulze-Delitzsch 1853: 90). Seine eigene Bedeutung sah er sehr bescheiden, als er feststellte, ein Teil der Handwerker habe sich „dem leitenden Gedanken der übrigen Arbeiter, der Selbsthilfe genähert [...]. So wurde der Boden erst für die localen Genossenschaften zu speziellen Zwecken, die wirthschaftlichen und gewerkschaftlichen Associationen vorbereitet und es bedurfte nur eines Anstoßes, um die allgemeine, in der Zeitströmung liegenden Disposition der arbeitenden Classen dahin zu lenken." (Schulze-Delitzsch 1858: 82f.).

Die Weite des Genossenschaftsbegriffs vor 1933

Für sie alle, auch für Schulze-Delitzsch umfasste der ältere Begriff „Assoziation" ebenso wie die etwa seit 1860 übliche Bezeichnung „Genossenschaft" weitgespannte Bedeutungen. Genossenschaft, das hieß „kooperatives Handeln", unabhängig von der Form. So kam es denn folgerichtig in der einschlägigen Literatur vor, dass z. B. auch Gesellschaften mit beschränkter Haftung als Genossenschaft bezeichnet wurden. Denn „die rechtliche Form, in der eine Arbeitsgenossenschaft begründet wird, hat für das innere Wesen keine besondere Bedeutung", wenn das Statut ausreichend auf genossenschaftlichen Grundsätzen aufgebaut sei. (Vgl. Schembor 1921: 140ff.; vgl. auch Kaltenborn 2014b: 146ff. u. 158ff.). Das hatte schon Schulze-Delitzsch nicht anders gesehen. In einer Liste aller ihm bekannten Genossenschaften, die er 1879 veröffentlichte, sind auch Kommanditgesellschaften auf Aktien, Aktiengesellschaften, Offene Handelsgesellschaften enthalten (vgl. Schulze-Delitzsch 1879: 11f.).

Entscheidend war in Deutschland in der Zeit vor 1933 die Frage, in welcher Intensität wirkliche Kooperation gegeben war, also gleiche Rechte, gleiche Lasten, gleiche Vorteile umgesetzt wurden. Man wusste noch: Diese Idee kooperativen Handelns und kooperativen Wirtschaftens war in der menschlichen Geschichte immer vorhanden, unabhängig von den realen Bedingungen und Umständen des Wirtschaftens. Die Idee ist nichts Besonderes, wohl aber die jeweilige Form. Jede Zeit und jede Gesellschaft findet ihre Formen.

Die gesellschaftspolitische Dimension von Genossenschaften

Was die neueren (wenn man so will: modernen) Genossenschaften etwa seit dem Ende des 18. Jahrhunderts gegenüber ihren Vorläufern auszeichnet, ist die Erwartung, mit Hilfe eines umfassenderen Genossenschaftssystems die Gesellschaft insgesamt besser zu gestalten. Dabei kann „besser" unterschiedliches bedeuten: gerechter, menschlicher, demokratischer, auch effizienter. Diese Hoffnung, Genossenschaften mögen zu einer besseren Welt beitragen, war sicher nicht im antiken Griechenland lebendig und auch nicht bei den Schauspielern der Commedia dell'Arte. Sie findet sich aber bei John Bellers am Ende des 17. Jahrhunderts und später bei Johann Friedrich Oberlin, bei Heinrich Pestalozzi, bei Charles Fourier, bei Heinrich Zschokke, bei Robert Owen und William King, bei Philippe Buchez und Louis Blanc, bei Giuseppe Mazzini und schließlich in Deutschland bei Viktor Aimé Huber, Friedrich Wilhelm Raiffeisen und Hermann Schulze-Delitzsch. Sie wird heute noch von der International Co-operative Alliance formuliert, ist aber auch überall auf der Welt bei den unterschiedlichsten Gruppierungen und Organisationen lebendig. Dabei sind allerdings die konkreten Erwartungen, was und wie Genossenschaften dazu beitragen könnten, die Gesellschaft voranzubringen, ebenfalls von unterschiedlichster Art. Es gibt kein allgemein akzeptiertes Konzept dafür. Das macht die Verständigung darüber, was Genossenschaften bewirken sollen, äußerst schwierig. Und: nicht alle Befürworter von Genossenschaften wollen die Gesellschaft verbessern, sondern nur ihre eigene Situation in der sie umgebenden Gesellschaft möglichst optimal gestalten.

Die tiefgehenden Mängel der Bewerbung

Nun sollen noch einige Kernaussagen der Bewerbung der Deutschen UNESCO-Kommission daraufhin angesehen werden, wie weit sie eigentlich tragen. Dabei ist allerdings Folgendes zu berücksichtigen: Die Deutsche UNESCO-Kommission hat sich die Begründung in der Bewerbung nicht selbst ausgedacht. Sie hat sich auf den Antrag zweier deutscher genossenschaftlicher Institutionen gestützt – der „Deutschen Hermann-Schulze-Gesellschaft" und der „Deutschen Friedrich-Wilhelm-Raiffeisen-Gesellschaft". Diese beiden Gesellschaften haben die Argumente und die deutschen Formulierungen geliefert, aus denen die Kommission den englischen

Bewerbungstext für die UNESCO in Paris ableitete.

Also: Die Behauptung, wonach von Delitzsch, Weyerbusch und Flammersfeld aus Idee und Praxis sich über andere Teile Deutschlands und darüber hinaus ausbreiteten und heute fast weltweit praktiziert würden, haben die beiden genossenschaftlichen Gesellschaften zu verantworten. Bemerkenswert ist, dass man sich offensichtlich unwohl bei diesem deutschen Besitzanspruch auf die Genossenschaftsidee fühlte. Denn an anderer Stelle heißt es, die Idee für die ersten genossenschaftlichen Organisationen gehe auf den Waliser Robert Owen zurück ("the idea for the first cooperative organizations goes back to the Welshman Robert Owen"). Derlei Widersprüche offenbaren einen höchst unbefangenen Umgang mit historischen Tatbeständen. Ist die Genossenschaftsidee nach Meinung der beiden Gesellschaften nun ursprünglich walisisch oder deutsch? Oder ist es egal? Oder soll der jeweilige Leser entscheiden, vielleicht, indem er eine Münze wirft? Sicher wäre Delitzsch in einer Genossenschaftsgeschichte zu nennen, so wie Weyerbusch und Flammersfeld in jeder Biografie Raiffeisens. Aber die Genossenschaftsidee ist in allen drei Orten nur eine Einwanderin.

Dass das deutsche Wort „Genossenschaftsidee" ins Englische übersetzt „the idea and practice of organizing shared interests in cooperatives" heißt und rückübersetzt zu „Idee und Praxis der Organisation von gemeinsamen Interessen in Genossenschaften" wurde, ist schon gesagt worden. Nun hat sich die genossenschaftliche Praxis in Deutschland – und nicht nur dort – ständig verändert und tut es heute noch. Es ist eine seltsame Vorstellung, dass die Begründung für ein immaterielles Weltkulturerbe ständigen Veränderungen unterworfen ist, je nachdem, wie zum Beispiel der deutsche Gesetzgeber es für sinnvoll und notwendig hält, das Genossenschaftsgesetz an aktuelle Bedingungen anzupassen.

Weiter heißt es in der Bewerbung, die mehr als 20 Millionen Mitglieder und etwa 863.000 Beschäftigte der Genossenschaften in Deutschland „are actively involved with the daily practice and transmission oft he idea and practice". Das ist pure Ideologie. Die

Praxis sieht anders aus. Und: Kein Mensch kann sich vorstellen, wie es wäre, wenn zum Beispiel die über hunderttausend Mitglieder der Berliner Volksbank aktiv in die tägliche Praxis und Umsetzung der Genossenschaftsidee einbezogen wären, wohlgemerkt: Hunderttausend Menschen sind täglich aktiv dabei! Irgendein vernünftiges Bankgeschäft käme wohl nicht mehr zustande.

Ohne Realitätsbezug ist auch die Behauptung, die Mitglieder würden auf freiwilliger Basis für das Wohl aller zusammenarbeiten ("work together on a voluntary basis for the benefit of all"). Die Mitglieder der Berliner (oder der Wiesbadener oder der Leipziger oder welcher Volksbank auch immer) arbeiten für das Wohl aller zusammen? Wie soll das konkret aussehen? Einen solchen Satz kann man zwar hinschreiben, aber nicht glauben.

Seit fast einem Jahrhundert ist in Deutschland gesetzlich bei bestimmten Größenordnungen die Ersetzung der Generalversammlung aller Genossenschaftsmitglieder durch eine Vertreterversammlung möglich. Davon ist die weitaus überwiegende Mehrzahl aller Genossenschaftsmitglieder betroffen. Denn auch hier müssen wir wieder die Volksbanken heranziehen, und zwar allein deshalb, weil von den knapp 22 Millionen Genossenschaftsmitgliedern (2013) allein knapp 18 Millionen (also über 80 %) bei den Genossenschaftsbanken Mitglied sind (vgl. Stappel 2014: 8). Abgesehen von den ganz kleinen, den ländlichen Raiffeisenbanken, kennen die Volksbanken längst keine Generalversammlung mehr, sondern nur noch eine Vertreterversammlung. Trotzdem behaupten die beiden antragstellenden Gesellschaften mit der ihnen eigenen Missachtung der Fakten, normalerweise habe jedes Mitglied in der Generalversammlung eine Stimme.

Falsch ist auch die Bemerkung in der Bewerbung, Schulze-Delitzsch und Raiffeisen hätten non-profit Genossenschaftsbanken gegründet. Tatsächlich mussten die Kreditgenossenschaften von Beginn an gewinnträchtig arbeiten. Wie hätten sie sonst die Wirtschaft ihrer Mitglieder fördern können, was schließlich ihre Aufgabe war, sogar ihre gesetzlich fixierte Aufgabe? Schulze-Delitzsch stellte dazu sogar Modellrechnungen auf: Für Geschäfte mit einem Umfang von 80.000 Talern sei ein Kapital von 20.000 Talern notwendig. Dabei sollte und könnte ein Nettogewinn von 1.200 Talern zu verzeichnen sein. Wenn das Kapital gänzlich von den Mitgliedern aufgebracht worden sei, sei also eine sechsprozentige Verzinsung gegeben. (Vgl. Schulze-Delitzsch 1876b: 98). Nichts ist also mit non-profit-Organisation. Raiffeisen propagierte zwar nicht gerade die Dividendenzahlung an Mitglieder, akzeptierte sie aber, wenn die Mitglieder es so wollten (vgl. Raiffeisen 1872: 1ff.).

Am unverständlichsten und groteskesten ist die Tatsache, dass die „Deutsche Hermann-Schulze-Delitzsch-Gesellschaft" und die „Deutsche Friedrich-Wilhelm-Raiffeisen-Gesellschaft" gegenüber der Deutschen UNESCO-Gesellschaft zum klarsten und schlichtesten Tatbestand des deutschen Genossenschaftswesens eine falsche Angabe gemacht haben. Das betrifft die Zahl der deutschen Genossenschaften. Sie ist in der Bewerbung bei der UNESCO mit 5.800 angegeben (vgl. wie alle Zitate oder Verweise auf die Bewerbung: Deutsche UNESCO 2015a). Tatsächlich waren es 2014 fast 40 % mehr, nämlich 8.007 (vgl. Stappel 2014: 8). Diese Zahl ist – wie manche andere – in der jährlich erscheinenden, sehr klar gegliederten und sehr verständlichen Übersicht „Die deutschen Genossenschaften" zu finden. Sie erscheint im Deutschen Genossenschafts-Verlag, kann also mit gutem Grund als genossenschaftsoffizielle Veröffentlichung bezeichnet werden, ist aber auch ins Netz gestellt.

Die ganze Bewerbung und ihre Begründung machen den Eindruck, als habe niemand von den Beteiligten mit wirklichem Interesse, mit Kenntnissen, mit Verstand, vielleicht sogar mit Leidenschaft dahinter gestanden. Tatsächlich ist aber schon der Ansatz verfehlt, die Genossenschaftsidee als immaterielles Weltkulturerbe zu deklarieren. Worum es gehen sollte, wäre das bewusste kooperative gleichberechtigte Zusammenwirken von Menschen auf ein gemeinsames Ziel hin oder vielmehr die Idee dahinter zu betrachten, ohne sich auf eine bestimmte Form zu kaprizieren. Das wäre wirklich ein immaterielles Weltkulturerbe. In der Begründung dafür hätten dann Delitzsch, Weyerbusch und Flammersfeld nichts zu suchen. Dann müssten – durchaus stringenter, als es hier geschehen ist – die entsprechenden anthropologischen, vorgeschichtlichen und die globalen historischen Befunde herangezogen werden und dann sollte die wirklich staunenswerte konsequente Begleitung der menschlichen Entwicklung und Geschichte durch eben diese Fähigkeit zur „Vereinigung atomistischer vereinzelter kleiner Kräfte zur Erreichung gemeinschaftlicher Zwecke" von der Wildpferdjagd des Neandertalers bis zur 2006 gegründeten informellen Meierei-Kooperative im mongolischen UvurOrgioch (vgl. ICA-AP 2015) im Zentrum von Antrag und Begründung stehen.

Resümee

Hermann Schulze-Delitzsch kennzeichnete die Idee der Genossenschaft als die „Vereinigung atomistisch vereinzelter kleiner Kräfte zur Erreichung gemeinsamer Zwecke".

Genossenschaftstheoretiker und -praktiker haben das so definierte kooperative Zusammenwirken immer wieder als zum Menschen gehörend betrachtet: „Die Geschichte der Menschheit ist zugleich die Geschichte der Assoziation".

Die wissenschaftliche Anthropologie bestätigt solche Aussagen.

Die Fähigkeit des Menschen zu kooperieren, um „gemeinsame Zwecke" zu erreichen war schon bei den frühen Formen der Menschen vorhanden, ob beim Homo habilis oder beim Homo neanderthalensis oder von Anbeginn an beim Homo sapiens.

Genossenschaftliche Formen mit durchaus modernen Ausprägungen (Verfolgung gemeinsamer Ziele, Selbstverwaltung, Freiwilligkeit, demokratische Entscheidungsprozesse) sind im antiken Griechenland ebenso wie im antiken Rom zu finden.

Schulze-Delitzsch sieht ein umfassendes Genossenschaftswesen schon bei den Germanen, das in seinen „charakteristischen Merk-

malen" der von ihm in Deutschland initiierten Genossenschaftsbewegung vergleichbar sei.

Eine wichtige Rolle nahmen die bäuerlichen Genossenschaften in
weiten Teilen des mittelalterlichen Europas wahr. Ohne sie wäre
die Durchsetzung der seinerzeit fortschrittlichen Dreifelderwirtschaft nicht denkbar gewesen.

Im 19. Jahrhundert wurde parallel zu Schulze-Delitzsch und
Raiffeisen (und unabhängig von ihnen) die überkommene Idee
und Praxis der Genossenschaften von der deutschen Rechtswissenschaft intensiv erforscht.

Mitte des 16. Jahrhunderts beginnt in Norditalien mit einer
Theatergruppe der Commedia dell'Arte die Epoche der neuzeitlichen Genossenschaft in Europa.

Ende des 17. Jahrhunderts beginnt mit John Bellers die auf ge-
sellschaftsreformerische Ziele hin orientierte Interpretation der
Genossenschaftsidee.

Seit Ende des 18. Jahrhunderts wird die Genossenschaftsidee auch
literarisch dargestellt.

Bis Mitte des 19. Jahrhunderts sind genossenschaftliche Grün-
dungen in Polen, den USA, Frankreich, Schottland, Griechenland,
England, Österreich, Italien, Luxemburg, der Schweiz, Irland,
Russland, Spanien, Island, Deutschland, Japan, den tschechischen
Ländern Österreich-Ungarns, in Brasilien, Dänemark, Belgien be-
kannt.

1821 erscheint in England die erste genossenschaftliche Zeitschrift und 1831 findet in Manchester der erste englische Genossenschaftskongress statt. Zu dieser Zeit existieren 266 Genossenschaften in England.

Bis Mitte des 19. Jahrhunderts haben sich u. a. John Bellers, Johann Friedrich Oberlin, Carl Gottlieb Suarez, Heinrich Pestalozzi,
Charles Fourier, Heinrich Zschokke, Robert Owen, William King,

Philippe Buchez, Louis Blanc, Giuseppe Mazzini, Viktor Aimé Huber praktisch, theoretisch oder literarisch mit der Genossenschaftsidee befasst, danach auch Friedrich Wilhelm Raiffeisen und Hermann Schulze-Delitzsch.

1844, mit der Gründung der „Rochdale Society of Equitable Pioneers" in Mittelengland, ist ein Höhepunkt der neuzeitlichen Genossenschaftsbewegung erreicht. Die in Rochdale formulierten genossenschaftlichen Prinzipien gelten noch heute für die weltweite Genossenschaftsbewegung. Seit Rochdale sind keine wesentlich neuen Gesichtspunkte hinsichtlich der Ausformung der Genossenschaftsidee hinzugekommen. Diese Prinzipien sind 1995 in Manchester von der International Cooperative Alliance aus Anlass ihres hundertjährigen Bestehens noch einmal bekräftigt worden.

1849/50 beginnt Schulze-Delitzsch in seiner Heimatstadt mit seinen ersten Genossenschaftsgründungen.

1862/64 etabliert Raiffeisen sein Genossenschaftsmodell, nachdem er seit 1846 zunächst mit bloßen Hilfsvereinen gewissermaßen experimentiert hat, um die Not der bäuerlichen Bevölkerung zu mildern.

Keines der wesentlichen Prinzipien, die für die Gründungen Raiffeisens und Schulze-Delitzschs galten, ist von ihnen entwickelt worden. Lediglich die Gewichtungen dieser Prinzipien haben spezifische Ausformungen bei Raiffeisen und Schulze-Delitzsch erfahren.

Keiner von Beiden, weder Schulze-Delitzsch noch Raiffeisen, hat, wie schon die deutsche Genossenschaftsliteratur Ende des 19. und Anfang des 20. Jahrhunderts feststellte, die Genossenschaftsidee entwickelt.

Sowohl Raiffeisen als auch Schulze-Delitzsch wollten mehr als nur wirtschaftliche Vorteile für die Mitglieder von Genossenschaften bewirken. Raiffeisen wollte mit seiner Bewegung den Geist des

Christentums in der bäuerlichen Bevölkerung stärken. Schulze-Delitzsch wollte durch den Verbund von Genossenschaften aller Art mit Gewerkschaften, Bildungsvereinen, nationaler Bewegung, liberalen Einrichtungen die Lösung der sozialen Frage seiner Zeit und die Einheit der deutschen Nation in demokratischen Formen erreichen.

Genossenschaften, d. h. kooperative Formen des menschlichen Zusammenwirkens um gemeinsamer Ziele (Zwecke) willen sowohl in der Wirtschaft als auch zur Durchsetzung gesellschaftlicher Ziele begleiten die menschliche Entwicklung und Geschichte von Beginn an und werden dies auch in Zukunft tun.

Rechtsformen kommt dabei lediglich eine formale Rolle zu. Sie sind nicht konstituierend für die Realisierung der Genossenschaftsidee.

Literatur

Aretin, Christoph Freiherr von (1823): Ausführliche Darstellung der baierischen Kredit-Vereins-Anstalt und ihrer Bedingnisse sowohl für die Gutsbesitzer als auch für die Kapitalisten. München.

Aristoteles (1971): Politik. Eingeleitet, übersetzt u. kommentiert v. Olof Gigon. Zweite, durchges. u. um einen Kommentar erweiterte Aufl. Zürich u. Stuttgart.

Barberini, Ivano (2009): Come vola il calabrone. Cooperazione, etica e sviluppo. Milano.

Becker, Rudolf Zacharias (1786): Die Kunst, Leute zu schröpfen, die noch nicht gebohren sind. Eine Lobrede auf die Todten-Cassen und Trauerpfennigs-, Denk- und Sterbethaler-Genossenschaften. In einem patriotischen Clubb an der Weser gehalten am 1. April 1786. Gotha.

Bernstein, Eduard (1922): Sozialismus und Demokratie in der großen englischen Revolution. Vierte, ill. Aufl. Berlin.

Beseler, Georg (1885): System des gemeinen deutschen Privatrechts. Zwei Bände, 4., verm. u. verb. Aufl. Berlin.

Bick, Almut (2012): Die Steinzeit. Erweit. Neuaufl. Stuttgart.

Birchall, Johnston (1997): The international co-operative Movement. Manchester ans New York.

Bischof-Köhler, Doris (2009): Empathie. In: Eike Bohlken und Christian Thies (Hrsg.): Handbuch Anthropologie. Der Mensch zwischen Natur, Kultur und Technik. Stuttgart und Weimar.

Blanc, Louis (1899): Organisation der Arbeit. Nach der neunten, umgearb. und durch ein Kapitel verm. Aufl. des Originals übersetzt. Berlin.

Blesius, Nikolaus (1929): Zur Entstehungsgeschichte des neuzeitlichen ländlichen Genossenschaftswesens. Vortrag gehalten im Seminar für Genossenschaftswesen und Handelskunde der landwirtschaftl. Hochschule zu Berlin. Berlin.

Centro italiano (2015): Centro italiano di documentazione sulla cooperazione e l'economia sociale: http://www.cooperazione.net/pagina.asp?pid=363. Abgerufen 04.05.2015.

Chalmel, Loic (2012). Oberlin: Ein Pfarrer der Aufklärung. Potsdam u. Waldersbach.

Cocco, Ester (1915): Una Compagnia comica nella prima metà del secolo XVI. In: Giornale Storico della Letteratura Italiana, Heft 65.

Cole, George Douglas Howard (1944): A Century of Co-operation. Manchester.

Crüger, Hans (1898): Der heutige Stand des deutschen Genossenschaftswesens. Berlin.

Daudé-Bancel, Achille (1928): Frankreich. Die französischen Konsumgenossenschaften. In: Vahan Totomianz (Hrsg.): Internationales Handwörterbuch des Genossenschaftswesens. Berlin.

Delius, Walter (1909): Zur Rechtsgeschichte und Dogmatik der Hauberge und Haubergsgenossenschaften des Siegerlandes. Abhandlung zur Erlangung der juristischen Doktorwürde der Hohen juristischen Fakultät der Rheinischen Friedrich-Wilhelms-Universität zu Bonn. Breslau.

Dettelbacher, Werner (1988): Bauern und Agrarwirtschaft. In: Heinrich Pleticha (Hrsg.): Deutsche Geschichte in 12 Bänden. Bd. 2 Von den Saliern zu den Staufern 1024 – 1152. Gütersloh.

Deutsche UNESCO (2015a): www.unesco.de/fileadmin/medien/Dokumente/Kultur/IKE/ICH-02-2016EN_Germany.pdf. Abgerufen 05.05.2015.

Deutsche UNESCO (2015b): www.unesco.de/kultur/2015/nominierung-genossenschaften.html. Abgerufen 16.06.2015.

Faucherre, Henry (1928): Zschokke. In: Vahan Totomianz (Hrsg.): Internationales Handwörterbuch des Genossenschaftswesens. Berlin.

Finck, Richard (1909): Das Schulze-Delitzsch'sche Genossenschaftswesen und die modernen genossenschaftlichen Entwickelungstendenzen. Jena.

Fiser, Albert (1928): Tschechoslowakei. Genossenschaften der Arbeiterschaft. In: Vahan Totomianz (Hrsg.): Internationales Handwörterbuch des Genossenschaftswesens. Berlin.

Gaumont, Jean (1928): Paris. In: Vahan Totomianz (Hrsg.): Internationales Handwörterbuch des Genossenschaftswesens. Berlin.

Gemeinschaftswaldgesetz (2015): www.wald-wuergendorf.de/pdf/Gemeinschaftswaldgesetz.pdf. Abgerufen 15.09.2015

Gide, Charles (1928): Buchez. In: Vahan Totomianz (Hrsg.): Internationales Handwörterbuch des Genossenschaftswesens. Berlin.

Gierke, Otto Friedrich von (1881): Das deutsche Genossenschaftsrecht. Bd. 3: Die Staats- und Korporationslehre des Altertums und des Mittelalters und ihre Aufnahme in Deutschland. Berlin.

Großheim, Michael und Christian Thies (2009): Phänomenologie. In: Eike Bohlken und Christian Thies (Hrsg.): Handbuch Anthropologie. Der Mensch zwischen Natur, Kultur und Technik. Stuttgart und Weimar.

Harari, Yuval Noah (2015): Eine kurze Geschichte der Menschheit. München.

Hasselmann, Erwin (1971): Geschichte der deutschen Konsumgenossenschaften. Frankfurt/Main.

ICA (2013): http://ica.coop/en/what-co-op/history-co-operative-movement. Abgerufen 13.10.2013.

ICA-AP (2015): http://www.ica-ap.coop/icaevents/visit-co-operatives-mongolia. Abgerufen 04.11.2015.

Jörke, Dirk (2009): Zoon politikon. In: Eike Bohlken und Christian Thies (Hrsg.): Handbuch Anthropologie. Der Mensch zwischen Natur, Kultur und Technik. Stuttgart und Weimar.

Kaltenborn, Wilhelm (2012a): Schulze-Delitzsch und die soziale Frage. In: Wilhelm Kaltenborn: Vision und Wirklichkeit. Beiträge zur Idee und Geschichte von Genossenschaften. Berlin.

Kaltenborn, Wilhelm (2012b): Schulze-Delitzsch und die Arbeiterbewegung. In: Wilhelm Kaltenborn: Vision und Wirklichkeit. Beiträge zur Idee und Geschichte von Genossenschaften. Berlin.

Kaltenborn, Wilhelm (2012c): Ein großes deutsches Leben. In: Wilhelm Kaltenborn: Vision und Wirklichkeit. Beiträge zur Idee und Geschichte von Genossenschaften. Berlin.

Kaltenborn, Wilhelm (2014a): Nationalität und Nationalstaat bei Hermann Schulze-Delitzsch. In: Juhani Laurinkari u. a. (Hrsg.): Genossenschaftswissenschaft zwischen Theorie und Geschichte. Festschrift für Prof. Dr. Johann Brazda zum 60. Geburtstag. Bremen.

Kaltenborn, Wilhelm (2014b): Schein und Wirklichkeit. Genossenschaften und Genossenschaftsverbände. Eine kritische Auseinandersetzung. Berlin.

Kaltenborn, Wilhelm (2015): Verdrängte Vergangenheit. Die historischen Wurzeln des Anschlusszwanges der Genossenschaften an Prüfungsverbände. Norderstedt.

Kampffmeyer, Paul (1928): Born. In: Vahan Totomianz (Hrsg.): Internationales Handwörterbuch des Genossenschaftswesens. Berlin.

Katzenstein, Simon (1928a): Arbeiterbewegung und Genossenschaftsbewegung. In: Vahan Totomianz (Hrsg.): Internationales Handwörterbuch des Genossenschaftswesens. Berlin.

Katzenstein, Simon (1928b): Ermunterung. In: Vahan Totomianz (Hrsg.): Internationales Handwörterbuch des Genossenschaftswesens. Berlin.

Kern, Bernd-Rüdiger (1998): Genossenschaft. § 2 Rechtliches. In: Johannes Hoops: Reallexikon der Germanischen Altertumskunde. Zweite, völlig neu bearb. u. stark erweit. Aufl. Berlin und New York.

Koch, Walter (1986): Was ihr getan habt einem dieser meiner geringsten Brüder, das habt ihr mir getan. In: Friedrich Wilhelm Raiffeisen: Briefe 1875 – 1883. Bearbeitet von Walöter Koch. Wien.

Kornemann, Ernst (1901): Collegium. In: Georg Wissowa (Hrsg.): Paulys Realencyclopädie der classischen Altertumswissenschaft. Neue Bearbeitung, 4. Bd. Stuttgart.

Krebs, Willy: Raiffeisen (1928a). In: Vahan Totomianz (Hrsg.): Internationales Handwörterbuch des Genossenschaftswesens. Berlin.

Krebs, Willy (1928b): Huber. In: Vahan Totomianz (Hrsg.): Internationales Handwörterbuch des Genossenschaftswesens. Berlin.

Krebs, Willy (1928c): Spar- und Darlehnskassen-Vereine. In: Vahan Totomianz (Hrsg.): Internationales Handwörterbuch des Genossenschaftswesens. Berlin.

Kulemann, Wilhelm (1922): Die Genossenschaftsbewegung. Bd. 1 Geschichtlicher Teil. Berlin.

Lang-Hinrichsen, Dietrich (1955): Beseler, Georg Karl Christoph. In: Neue Deutsche Biographie 2. Elektronisch abgerufen: http://www.deutsche-biographie.de/ppn118510193.html. 27.07.2015.

Lüning, Jens (2002): Grundlagen sesshaften Lebens. In: von Freden, Uta u. Siegmar Schnurbein: Spuren der Jahrtausende. Archäologie und Geschichte in Deutschland. Stuttgart.

Manfredi, F. (1928): Mazzini. In: Vahan Totomianz (Hrsg.): Internationales Handwörterbuch des Genossenschaftswesens. Berlin.

Mattarelli, Sauro (2005): Dialogo sui doveri. Il pensiero di Giuseppe Mazzini. Venezia.

Mehnert, Henning (2003): Commedia dell'arte. Struktur – Geschichte – Rezeption. Stuttgart.

MGV (2015): www.mittelstandsverbund.de/Verband/Ziele-und-Aufgaben/DER-MITTELSTANDSVERBUND-Stark-fuer-den-kooperierenden-mittelstand-K113.htm. Abgerufen 20.11.2015.

Müller, Friedrich (1901): Die geschichtliche Entwicklung des landwirtschaftlichen Genossenschaftswesens in Deutschland von 1848/49 bis zur Gegenwart. Leipzig.

Müller, Hans (1928a): Altertum, Genossenschaftswesen im Altertum. In: Vahan Totomianz (Hrsg.): Internationales Handwörterbuch des Genossenschaftswesens. Berlin.

Müller, Hans (1928b): Bellers. In: Vahan Totomianz (Hrsg.): Internationales Handwörterbuch des Genossenschaftswesens. Berlin.

Müller-Beck, Hansjürgen (2004): Die Steinzeit. Der Weg der Menschen in die Geschichte. 3., verbesserte Aufl. München.

Ostner (2009), Julia: Primatologie. In: Eike Bohlken und Christian Thies (Hrsg.): Handbuch Anthropologie. Der Mensch zwischen Natur, Kultur und Technik. Stuttgart und Weimar.

Pederzani-Weber, Julius (1888): Giuseppe Mazzini und seine Ideen zur Linderung des sozialen Elends. Berlin.

Pestalozzi, Johann Heinrich (1933): Lienhard und Gertrud. Bielefeld und Leipzig.

Platon (1921): Briefe. Übersetzt u. erläutert v. Otto Apelt. Zweite, durchgeseh. Aufl. Leipzig.

Poland, Franz (1909): Geschichte des griechischen Vereinswesens. Gekrönte Preisschrift. Leipzig.

Raiffeisen, Friedrich Wilhelm (1872): Die Darlehnskassen-Vereine, in Verbindung mit Consum-, Verkaufs-, Gant- etc. Genossenschaften, als Mittel zur Abhilfe der Noth der ländlichen Bevölkerung, sowie auch der städtischen Arbeiter. 2. Aufl. Neuwied.

Raiffeisen, Friedrich Wilhelm (1887): Die Darlehnskassen-Vereine in Verbindung mit Consum-, Verkaufs-, Winzer-, Molkerei-, Viehversicherungs- etc. Genossenschaften sowie den dazu gehörigen Instruktionen als Mittel zur Abhülfe der Noth der ländlichen Bevölkerung. Praktische Anleitung zur Gründung und Leitung solcher Genossenschaften. Erster Theil: Die Darlehnskassen-Vereine und sonstige ländliche Genossenschaften. Fünfte, theilw. umgearb. u. verbess. Auflage. Neuwied.

Raiffeisen, Friedrich Wilhelm (1922): Raiffeisen-Worte. Auszüge aus den Schriften, Reden und Briefen F. W. Raiffeisens. 2. Aufl. Neuwied.

Röhrken, Walter (1928): Oberlin. In: Vahan Totomianz (Hrsg.): Internationales Handwörterbuch des Genossenschaftswesens. Berlin.

Rösener, Werner (1985): Bauern im Mittelalter. München.

Ruhmer, Otto (1928): Delitzsch, Darlehnskassenverein. In: Vahan Totomianz (Hrsg.): Internationales Handwörterbuch des Genossenschaftswesens. Berlin.

Schäfer, Albert (2010): Friedrich Wilhelm Raiffeisen der Volkserzieher. Hachenburg.

Schembor, Otto (1921): Die genossenschaftliche Gemeinwirtschaft: Entstehung, Arten, Aufgaben und Arbeitsweise, Stand und Ausbaumöglichkeiten. Dresden.

Schmidt, Wilhelm Adolf (1845): Die Zukunft der arbeitenden Klassen und die Vereine für ihr Wohl. Eine Mahnung an die Zeitgenossen. Berlin.

Schneider, Karlheinz (2005): Judentum und Modernisierung. Ein deutsch-amerikanischer Vergleich 1870 – 1920. Frankfurt am Main.

Schnyder, Albert (2015): Zelgensysteme [in: Historisches Lexikon der Schweiz]. Elektronisch abgerufen unter http://www.hls-dhs-dss.ch/textes/d/D13702.php, 03.10.2015.

Schreiber (1928): Mühlen- und Müllergenossenschaften. In: Vahan Totomianz (Hrsg.): Internationales Handwörterbuch des Genossenschaftswesens. Berlin.

Schultze, Richard Sigmund (1867): Die Selbsthülfe, ihre Entwicklung und Erfolge in den Genossenschaften. Greifswald.

Schulze-Delitzsch, Hermann (1853): Associationsbuch für deutsche Handwerker. Leipzig.

Schulze-Delitzsch, Hermann (1858): Die arbeitenden Klassen und das Associationswesen in Deutschland als Programm zu einem deutschen Congress. Leipzig.

Schulze-Delitzsch, Hermann (1860): Jahresbericht für 1859 über die auf dem Princip der Selbsthülfe der Betheiligten beruhenden deutschen Genossenschaften der Handwerker und Arbeiter. Leipzig.

Schulze-Delitzsch, Hermann (1861): Jahresbericht für 1860 über die auf Selbsthülfe der Betheiligten gegründeten deutschen Erwerbs- und Wirthschaftgenossenschaften des kleinen Gewerbstandes. Leipzig.

Schulze-Delitzsch, Hermann (1863): Capitel zu einem deutschen Arbeiterkatechismus. Sechs Vorträge vor dem Berliner Arbeiterverein. Leipzig.

Schulze-Delitzsch, Hermann (1865): Die nationale Bedeutung der deutschen Genossenschaften. Vortrag, gehalten vor den Genossenschaften Berlins am 19. März 1865. Zit. nach Friedrich Thorwart (Hrsg.): Hermann Schulze-Delitzsch's Schriften und Reden. II. Bd. Berlin 1909.

Schulze-Delitzsch, Hermann (1870): Erster Gesetzentwurf des Verfassers. In: Die Entwickelung des Genossenschaftswesens in Deutschland. Auszug aus dem Organ des Allgemeinen Verbandes deutscher Erwerbs- und Wirthschaftsgenossenschaften „Blätter für Genossenschaftswesen" (früher Innung der Zukunft). Berlin.

Schulze-Delitzsch, Hermann (1876a): Protokolle der Sitzungen des XVII. allgemeinen Vereinstages zu Danzig. In: Blätter für Genossenschaftswesen (Innung der Zukunft XXIII. Jg.).

Schulze-Delitzsch, Hermann (1876b): Vorschuß- und Credit-Vereine als Volksbanken. Praktische Anweisung zu deren Errichtung und Gründung. 5. völlig umgearb. Aufl. Leipzig.

Schulze-Delitzsch, Hermann (1879): Jahresbericht für 1878 über die auf Selbsthilfe gegründeten Deutschen Erwerbs- und Wirthschaftsgenossenschaften. Leipzig.

Scirocco, Alfonso (1993): L'Italia del Risorgimento 1800 – 1871. Neue Aufl. Bologna.

Stappel, Michael (2015): Die deutschen Genossenschaften 2014. Entwicklungen – Meinungen – Zahlen. Wiesbaden.

Stein, Philipp (1928): Schulze-Delitzsch. In: Vahan Totomianz (Hrsg.): Internationales Handwörterbuch des Genossenschaftswesens. Berlin.

Terberger, Thomas (2002): Der Mensch im Eiszeitalter. In: von Freden, Uta u. Siegmar Schnurbein: Spuren der Jahrtausende. Archäologie und Geschichte in Deutschland. Stuttgart.

Thüringer Waldgesetz(2015):http://landesrecht.thueringen.de/jportal/?quelle=jlink&query=WaldG+THGpsml=bsthue-prod.psml&max=true. Abgerufen 01.11.2015.

Totomianz, Vahan (1928a): Russland und Sowjetunion. Das Genossenschaftswesen in Russland vor dem Kriege. In: Vahan Totomianz (Hrsg.): Internationales Handwörterbuch des Genossenschaftswesens. Berlin.

Totomianz, Vahan (1928b): Owen. In: Vahan Totomianz (Hrsg.): Internationales Handwörterbuch des Genossenschaftswesens. Berlin.

Totomianz, Vahan (1928c): King. In: Vahan Totomianz (Hrsg.): Internationales Handwörterbuch des Genossenschaftswesens. Berlin.

Totomianz, Vahan (1928d): Byron. In: Vahan Totomianz (Hrsg.): Internationales Handwörterbuch des Genossenschaftswesens. Berlin.

Totomianz, Vahan (1928e): Holyake. In: Vahan Totomianz (Hrsg.): Internationales Handwörterbuch des Genossenschaftswesens. Berlin.

Totomianz, Vahan (1928f): Blanc. In: Vahan Totomianz (Hrsg.): Internationales Handwörterbuch des Genossenschaftswesens. Berlin.

Totomianz, Vahan und A. Wingler (1928): Rochdaler Pioniere und ihre Taten. In: Vahan Totomianz (Hrsg.): Internationales Handwörterbuch des Genossenschaftswesens. Berlin.

Ulitin, A. (1928): Artell. In: Vahan Totomianz (Hrsg.): Internationales Handwörterbuch des Genossenschaftswesens. Berlin.

University of Michigan (2015): http://www.umich.edu/~nasco/OrgHand/movement.html. Abgerufen 29.09.2015.

Veiland-Haupt, Paul (1928): Dänemark. In: Vahan Totomianz (Hrsg.): Internationales Handwörterbuch des Genossenschaftswesens. Berlin.

Venturini,Valentina (2011): Appunti sulle scritture teatrali. In: Teatro e Storia on line; elektronisch abgerufen: www.teatroestoria.it/doc/materiali/contrattoteatrali. 23.08.2015.

Weber, Karl-Wilhelm (1995): Alltag im Alten Rom. Zürich.

Weber, Max (1998): Die Kredit- und Agrarpolitik der preußischen Landschaften. In: Gesamtausgabe Abt. I Schriften und Reden, Bd. 8, Tübingen.

Wikipedia (2015): https://de.wikipedia.org/wiki/Otto_von_Gierke. Abgerufen 08.08.2015.

Wolf, Erik (1963): Große Rechtsdenker der deutschen Geistesgeschichte. 4., durchgearb. und erg. Aufl. Tübingen.

Wolff, Henry W. (1928): Großbritannien. Die Genossenschaftsbewegung in Großbritannien. In: Vahan Totomianz (Hrsg.): Internationales Handwörterbuch des Genossenschaftswesens. Berlin.

Wuttig, Adolf (1907): Friedrich Wilhelm Raiffeisen und die nach ihm benannten ländlichen Darlehnskassen-Vereine. Fünfte Aufl. Neuwied.

Wygodzinski, Willy (1911): Das Genossenschaftswesen in Deutschland. Leipzig und Berlin.

Zawada, J. (1928): Polen. Die polnische Genossenschaftsbewegung. In: Vahan Totomianz (Hrsg.): Internationales Handwörterbuch des Genossenschaftswesens. Berlin.

Zeidler, Hugo (1893): Geschichte des deutschen Genossenschaftswesens der Neuzeit. Leipzig.

Zschokke, Johann Heinrich (1918): Das Goldmacherdorf (Pioniere und Theoretiker des Genossenschaftswesens, 1918, 2). Basel.